江苏省教育厅哲社基金一般项目"创新驱动苏南城市群制造业
转型升级路径与对策研究"(2017SJB0425)阶段性成果

苏南城市群产业结构优化研究

许国银　著

东南大学出版社
SOUTHEAST UNIVERSITY PRESS
·南京·

图书在版编目(CIP)数据

苏南城市群产业结构优化研究 / 许国银著. —南京：
东南大学出版社，2019.12

ISBN 978-7-5641-8711-8

Ⅰ. ①苏… Ⅱ. ①许… Ⅲ. ①城市群—产业结构优化—
研究—苏南地区 Ⅳ. ①F299.275.3

中国版本图书馆 CIP 数据核字(2019)第 282698 号

苏南城市群产业结构优化研究

Sunan Chengshiqun Chanye Jiegou Youhua Yanjiu

著　　者	许国银	
出版发行	东南大学出版社	
出 版 人	江建中	
社　　址	南京市四牌楼 2 号(邮编：210096)	
网　　址	http：//www.seupress.com	
责任编辑	孙松茜(E-mail：ssq19972002@aliyun.com)	
经　　销	全国各地新华书店	
印　　刷	广东虎彩云印刷有限公司	
开　　本	700 mm×1000 mm　1/16	
印　　张	10	
字　　数	212 千字	
版　　次	2019 年 12 月第 1 版	
印　　次	2019 年 12 月第 1 次印刷	
书　　号	ISBN 978-7-5641-8711-8	
定　　价	49.80 元	

(本社图书若有印装质量问题，请直接与营销部联系。电话：025-83791830)

前 言
Preface

　　20 世纪 60 年代以来,随着经济的深度开放,各种要素向世界级城市群集聚,沿海港湾地区高速发展,形成了以世界级港口为基础、以产业集聚为动力、以广阔腹地为支撑的湾区城市群,代表性的世界级城市群有波士华城市群等。波士华城市群,包括波士顿(电子城)、纽约(金融城)、费城(军工城)、巴尔的摩(钢铁城)、华盛顿(政治中心)等大城市以及 200 多个市镇;形如带状,长约 1 000 千米,宽 50～200 千米,面积 13.8 万平方千米,占美国总面积的 1.5%;人口 6 500 万,占美国总人口的 22.5%,城市化水平达到 90% 以上;2017 年,波士华城市群的人均 GDP 高达 62 030 美元,地均 GDP 为 2 920 万美元/平方千米。工业革命以来的世界城市化进程和现代城市规划的成功实践表明,城市群和都市圈带动下的区域一体化,必须以经济发达、辐射较强的中心城市为依托,通过密切的经济活动与周边城镇形成联动发展的多层次空间体系,形成协同发展的城镇化新模式。

　　改革开放以来,伴随着工业化进程加速,我国城镇化经历了一个起点低、速度快的发展过程。1978—2013 年,城镇常住人口从 1.7 亿人增加到 7.3 亿人,城镇化率从 17.9% 提升到 53.7%,年均提高 1.02 个百分点;城市数量从 193 个增加到 658 个,建制镇数量从 2 173 个增加到 20 113 个。京津冀、长江三角洲、珠江三角洲三大城市群,以 2.8% 的国土面积集聚了 18% 的人口,创造了 36% 的国内生产总值,成为带动我国经济快速增长和参与国际经济合作与竞争的主要平台。党的十九大报告提出,"我国经济已由高速增长阶段转向高质量发展阶段"。2017 年 12 月,中央经济工作会议强调:"中国特色社会主义进入了新时代,我国经济发展也进入了新时代,基本特征就是我国经济已由高速增长阶段转向高质量发展阶段。"中央城镇化工作会议和《国家新型城镇化规划(2014—2020 年)》把城市群作为推进国家新型城镇化的空间主体,城市群地区成为如今和今后经济发展格局中最具活力和潜力的核心地区。以城市群为主体的新一轮城市化进程,是经济发展质量变革、效率变革、动力变革的重要驱动因素,在区域与全国生产力布局格局中起着战略支撑点、增长极点和核心节点的作用。

　　在 2016 年 6 月发布的《长江三角洲城市群发展规划》中,明确提出了长三角地区建设成世界级城市群的目标;到2020年,基本形成经济充满活力、高端人才汇聚、创新能力跃升、空间利用集约高效的世界级城市群框架;到2030年,配置全球资源的枢纽作用更加凸显,服务全国、辐射亚太的门户地位更加巩固,在全球价值链和产业分工体系中的位置大幅跃升,国际竞争力和影响力显著增强,全面建成全球一流品质的世界级城市群。

江苏沿江地区是长三角城市群的北翼核心区。以南京、镇江、常州、无锡、苏州五市所构成的苏南城市群是长三角城市群、乃至中国融入全球化最活跃的地区之一,一直在"中国方案"中扮演着示范引领角色。在改革开放浩浩荡荡的大潮中,苏南城市群不甘落后,顺势而为,以敢为人先的勇气闯出了一条属于自己的发展道路,取得了巨大的成就。2017年,苏南五市(苏州、南京、无锡、常州、镇江)实现地区生产总值5.03万亿元,占当年江苏省地区生产总值的58.5%;全国中小城市综合实力百强县市排行榜前10名中,苏南所辖县市占据6席。2018年全国"GDP万亿俱乐部"城市总共16个,苏宁锡就占了3席。在人均GDP超过2万美元的15个城市中,苏南五市除镇江外全部在列。2016年,镇江、南京、常州、无锡和苏州苏南五市,集体被批准成为"中国制造2025"试点示范城市群。2013年4月25日,经国务院同意,国家发展改革委正式印发《苏南现代化建设示范区规划》,显示出国家对苏南城市群实现现代化强国的示范引领作用的厚望。因此,无论是从发展数量还是从发展质量来看,苏南城市群均显示出强劲态势。

形成具有全球影响力城市群的过程,本质上就是建设超级产业集群。高质量的全球城市群本身就应是一个生产要素自由流动、产业间分工纵横交错、新兴增长点不断涌现的协调发展的产业组织空间。基于此,建设全球城市群与实现产业转型升级,就成为一个硬币的两面,必然是相互融合、相互促进的。在此背景下,研究苏南城市群产业结构优化升级,毫无疑问更有针对性与实用价值。

本书以苏南城市群产业为实证研究对象,依据相应的理论,采用定性分析、统计分析与计量分析、案例研究等方法,描述苏南城市群的产业演变特征,从产业空间分布、产业结构和产业竞争力三个方面较为全面地进行分析与探讨,为苏南城市群产业结构的升级和优化提供科学合理的政策建议,以发挥好苏南城市群的示范带动作用,实施"1+3"重点功能区战略,推动江苏区域协调发展。本研究对于推进"两聚一高"新实践、建设"强富美高"新江苏具有重大战略意义。

本书参考引用了区域经济学、产业经济学、经济地理学等学科的研究成果,限于篇幅,未能列出所参考的全部文献,谨向有关专家、学者表示谢意。

由于种种局限,本书内容还存在不足之处,恳请读者批评指正。

目 录
Contents

第1章 绪论 ……………………………………………… 1

　1.1 研究背景 ………………………………………… 1

　1.2 研究意义 ………………………………………… 6

　1.3 国内外研究现状 ………………………………… 7

　1.4 研究方法与研究内容 …………………………… 17

第2章 基本概念与相关理论 ……………………………… 20

　2.1 基本概念界定 …………………………………… 21

　2.2 相关理论 ………………………………………… 28

第3章 苏南城市群区域发展格局与经济发展态势 ……… 43

　3.1 苏南城市群区域及经济发展概况 ……………… 43

　3.2 苏南城市群经济发展优势与作用地位 ………… 47

　3.3 苏南城市群经济发展历程及产业结构演变 …… 50

　3.4 本章小结 ………………………………………… 58

第4章 苏南城市群产业集聚水平及影响因素分析 ……… 59

　4.1 苏南城市群产业集聚水平测度 ………………… 63

　4.2 产业集聚影响因素分析 ………………………… 73

第5章 苏南城市群产业结构与竞争力评价 ……………… 80

　5.1 苏南城市群产业结构合理化评价 ……………… 81

　5.2 苏南城市群产业结构高度化评价 ……………… 86

　5.3 苏南城市群产业竞争力评价 …………………… 94

第 6 章　世界典型城市群产业发展实践 ·························· 103

　　6.1　东京都市圈产业发展实践 ······························ 104

　　6.2　波士华城市群产业发展实践 ··························· 108

　　6.3　西北欧城市群产业发展实践 ··························· 113

　　6.4　本章小结 ··· 121

第 7 章　苏南城市群产业结构优化升级的路径选择与策略取向 ·········· 123

　　7.1　苏南城市群产业结构优化升级的路径选择 ················ 124

　　7.2　苏南城市群产业结构优化的策略取向 ··················· 130

参考文献 ·· 136

第 1 章 绪 论

1.1 研究背景

1.1.1 世界级城市群成为经济最具活力的区域

新增长理论和新经济地理理论将城市看作经济增长的引擎。[①] 城市空间集聚促进要素的自由流动,致使市场边界不断扩大,有利于形成规模经济,使企业的生产和交易成本不断下降。而且,城市空间集聚有利于促进劳动分工和知识溢出,产生正向外部性,促进创新并带动收益递增。[②] 20 世纪 60 年代以来,随着经济的深度开放,各种要素向世界级城市群集聚,沿海港湾地区高速发展,形成了以世界级港口为基础、以产业集聚为动力、以广阔腹地为支撑的湾区城市群,诸如东京城市群、波士华城市群等。东京城市群由东京都、神奈川县、千叶县和埼玉县组成,主要大中型城市包括东京、横滨、川崎、船桥、千叶。根据日本内阁府的数据,东京湾区陆地面积约 1.4 万平方千米,2014 年人口超 3 590 万人,占全国人口的28.3%;GDP 达 1.4 万亿美元,占全国的 32.3%,人均 GDP 达 3.8 万美元;第三产业占比达 83.3%;拥有本田、日立、软银、索尼等 38 家 2017 年世界 500 强企业;沿岸有横滨港、东京港、千叶港等多个港口,拥有全球最密集的轨道交通网。东京湾区是日本最大的金融中心、工业中心、创新中心,东京是众多银行总部所在地,京滨、京叶两大工业地带集中了钢铁、冶金、电子、机械、汽车等主要工业部门。东京城市群拥有充满活力的产学研创新体系,东京大学、早稻田大学、庆应大学、东京都市大学、横滨国立大学等知名研究型单位与大企业保持良好的校企合作,共同加快科研成果的产业化。波士华城市群,包括波士顿(电子城)、纽约(金融城)、

---

① Black D, Henderson J V. A Theory of Urban Growth[J]. Journal of Political Economy, 1999,107(2): 252 - 284.

② Audretsch D B, Feldman M P. R&D Spillovers and the Geography of Innovation and Production[J]. American Economic Review, 1996,86(3):630 - 640.

费城(军工城)、巴尔的摩(钢铁城)、华盛顿(政治中心)等大城市以及200多个市镇;形如带状,长约1000千米,宽50~200千米,面积13.8万平方千米,占美国总面积的1.5%;人口6500万,占美国总人口的22.5%,城市化水平达到90%以上;2017年,波士华城市群的人均GDP高达62030美元,地均GDP为2920万美元/平方千米。

工业革命以来的世界城市化进程和现代城市规划的成功实践表明,城市群和都市圈带动下的区域一体化,必须以经济发达、辐射较强的中心城市为依托,通过密切的经济活动与周边城镇形成联动发展的多层次空间体系,形成协同发展的城镇化新模式。① 改革开放以来,伴随着工业化进程加速,我国城镇化经历了一个起点低、速度快的发展过程。1978—2013年,城镇常住人口从1.7亿人增加到7.3亿人,城镇化率从17.9%提升到53.7%,年均提高1.02个百分点;城市数量从193个增加到658个,建制镇数量从2173个增加到20113个。京津冀、长江三角洲、珠江三角洲三大城市群,以2.8%的土地面积集聚了18%的人口,创造了36%的国内生产总值,成为带动我国经济快速增长和参与国际经济合作与竞争的主要平台。党的十九大报告提出,"我国经济已由高速增长阶段转向高质量发展阶段"。2017年12月,中央经济工作会议强调:"中国特色社会主义进入了新时代,我经济发展也进入了新时代,基本特征就是我国经济已由高速增长阶段转向高质量发展阶段。"中央城镇化工作会议和《国家新型城镇化规划(2014—2020年)》把城市群作为推进国家新型城镇化的空间主体,城市群地区成为如今和今后经济发展格局中最具活力和潜力的核心地区,以城市群为主体的新一轮城市化进程,是经济发展质量变革、效率变革、动力变革的重要驱动因素,在区域与全国生产力布局格局中起着战略支撑点、增长极点和核心节点的作用。形成具有全球影响力城市群的过程,本质上就是建设超级产业集群。高质量的全球城市群本身就应是一个生产要素自由流动、产业间分工纵横交错、新兴增长点不断涌现的协调发展的产业组织空间。基于此,建设全球城市群与实现产业转型升级,就成为一个硬币的两面,必然是相互融合、相互促进的。② 在此背景下,研究苏南城市群产业结构优化升级,毫无疑问更有针对性与实用价值。

---

① 李程骅.中国城市转型研究[M].北京:人民出版社,2013.

② 陈建军,杨书林,黄洁.城市群驱动产业整合与全球价值链攀升研究——以长三角地区为例[J].华东师范大学学报(哲学社会科学版),2019,51(5):90-98.

1.1.2　江苏是多个国家战略的叠加之地

2014 年 12 月,习近平总书记在江苏考察时明确指出,江苏处于"丝绸之路经济带"和"21 世纪海上丝绸之路"的交汇区域上,要按照统一规划和部署,主动参与"一带一路"建设,放大向东开放优势,做好向西开放文章,拓展对内对外开放新空间。2016 年 8 月 17 日,习近平总书记在北京出席推进"一带一路"建设工作座谈会,提出 8 项新要求,其中一项是切实推进统筹协调,加强"一带一路"建设同京津冀协同发展、长江经济带发展等国家战略的对接。在 2016 年 9 月印发的《长江经济带发展规划纲要》和 2016 年 6 月发布的《长江三角洲城市群发展规划》中,都体现了国家战略层面对苏南地区在未来发挥骨干带动作用的要求。长江经济带覆盖 11 省市,长三角城市群是其"三极"之一。长三角城市群由 26 个城市组成,包括上海、江苏 9 市(扬子江城市群 8 市＋盐城)、浙江 8 市(杭州、嘉兴、湖州、绍兴、宁波、舟山、金华、台州)、安徽 8 市(合肥、芜湖、滁州、马鞍山、铜陵、池州、安庆、宣城),陆地面积约 21.2 万平方千米,2016 年人口 15 100 万人,占全国人口的 10.9％;GDP 达 2.1 万亿美元,占全国的 20.0％,人均 GDP 达 1.4 万美元;第三产业占比达 53.3％;拥有 15 家世界 500 强企业;拥有上海洋山港、宁波舟山港两大世界级港口以及南京、马鞍山等众多中小港口。《长江三角洲城市群发展规划》明确提出了长三角地区建设成世界级城市群的目标:到 2020 年,基本形成经济充满活力、高端人才汇聚、创新能力跃升、空间利用集约高效的世界级城市群框架;到 2030 年,配置全球资源的枢纽作用更加凸显,服务全国、辐射亚太的门户地位更加巩固,在全球价值链和产业分工体系中的位置大幅跃升,国际竞争力和影响力显著增强,全面建成全球一流品质的世界级城市群。江苏沿江地区是长三角城市群的北翼核心区。以苏宁锡常镇五市所构成的苏南城市群是长三角城市群,乃至中国融入全球化最活跃的地区之一,一直在"中国方案"中扮演着示范引领角色。GaWC(全球化与世界级城市研究小组与网络)公布的《世界城市名册 2018》(*Classification of Cities 2018*)中,在全球城市的数量上,长三角有 5 个,南京和苏州位列其中。[①] 2018 年全国"GDP 万亿俱乐部"城市总共 16 个,苏宁锡就占 3 席。在人均 GDP 超过 2 万美元的 15 个城市中,苏南五市除镇江外全部在列。因

---

　① 　参考 GaWC 2018 年的分类,详见 https://www.lboro.ac.uk/gawc/world2018t.html。

此,无论是从发展数量还是发展质量看,苏南城市群均显示出强劲态势。实际上,早在 2014 年 11 月 3 日,国务院正式批复,同意支持南京、苏州、无锡、常州、昆山、江阴、武进、镇江 8 个高新技术产业开发区和苏州工业园区建设苏南国家自主创新示范区。2016 年,镇江、南京、常州、无锡和苏州苏南五市,集体被批准成为"中国制造 2025"试点示范城市群。2013 年 4 月 25 日,经国务院同意,国家发展改革委正式印发《苏南现代化建设示范区规划》,显示出国家对苏南城市群实现现代化强国的示范引领作用的厚望。因此,探讨苏南城市群产业结构优化升级具有重要现实意义。

1.1.3　江苏产业空间优化面临新的机遇

为实现高质量发展,江苏提出并实施"1＋3"功能区战略。"1"是指扬子江城市群战略,是以沿江八市为主体,打造城市群的集群发展,既是江苏发展工业的"主战场",也是全省经济发展的"发动机"。"3"分别为:沿海经济带(南通、盐城、连云港沿海三市,主攻现代海洋经济和临港产业,是江苏的潜在增长极);徐州淮海经济区中心城市(徐州为主,拓展江苏发展纵深);江淮生态经济区(淮安、宿迁全境以及扬泰盐的部分县域,打造江苏的中心生态花园,发挥其生态优势、生态竞争力)。扬子江城市群中,苏南五市大部分地区是国家级优化开发区域,主体功能定位就是承载工业化和城镇化开发的核心区域,将扬子江城市群作为江苏工业经济的"主战场"和经济发展的"主动力"。重构江苏区域功能布局,扬子江城市群的形成与发展起着龙头与核心的作用,发展条件也更为成熟。这里不仅将形成超大规模城市群,而且在发展功能上对江苏全省乃至长江流域都起到带动作用。利用这一独特的城市高度密集的沿江走廊,全面对接上海,联动整个长江经济带,集聚高端创新要素,形成一个创新活动异常活跃、创新产业高度繁荣、创新驱动成为主力的创新功能区。

此外,江苏第十三届党代会提出要对沿宁杭线地区的发展做出谋划和推进。宁杭线以宁杭高铁为通道,纵跨江苏西南部和浙江北部,全长约 249 千米。宁杭线上的核心城市南京和杭州在经济结构上存在着较强的差异性与互补性:南京的重工业和先进制造业发达,且科技创新资源丰富;杭州的旅游业、轻工业比较繁荣,且民间资本实力较强。沿宁杭线发展战略将推进南京与杭州的竞合发展,两座城市将建设共赢型城市联盟,在产业上将加强招商引资、人才流动、科技研发的横向对接,促进产业合作的常态化。同时,沿宁杭线发展也将优化沿线苏南地区中小城市的产业格局:宜兴将利用环科园、开发区两大国家级园区的承载功能,提升产业集群化水平;溧阳将发挥建筑安装的产业优势,做优天目湖、南山竹海等旅游品牌;句容将借助南京的科教资源,以"三新"改造食品、纺织、商贸等传统产业。①

---

① 方维慰.江苏产业空间优化的实践模式与动力机制[J].江苏社会科学,2017(5):256-262.

1.2 研究意义

1.2.1 理论意义

城市群为产业集聚环境下产业链空间优化布局提供了现实可能,进而成为有效提升国家和区域的产业竞争力的主要空间平台。城市群产业结构是生产要素聚集、产业发展的综合表征。城市群内部产业间的分工与协作,是消除城市间行政分治造成的负面效应,弥合邻近地区间的产业断层,进而发挥城市群的网络效应和规模效应的有效途径,实现其经济持续、稳定、健康发展的重要支撑,也是全球化背景下产业空间结构重组优化的内在要求。通过对区域产业的空间分布、产业结构和产业竞争力的研究能够对区域经济空间结构理论进行完善,为区域经济空间结构优化提供有效的依据和理论支撑。本书对苏南城市群产业的空间分布、产业优化和产业竞争力等理论问题进行系统分析与探索,有利于深化区域产业空间结构研究的理论内容,有利于充实产业经济学、经济地理学、城市经济学和区域经济学的基础理论体系,对类似的研究课题有理论上的借鉴作用。

1.2.2 现实意义

党的十九大报告提出,以城市群为主体构建大中小城市和小城镇协调发展的城镇格局。当前,我国经济正由高速增长阶段转向高质量发展阶段,江苏经济发展正由江苏速度向江苏质量转变。依据相应的理论,研究苏南城市群的产业演变特征,为苏南城市群产业结构的升级和优化提供科学合理的政策建议,以发挥好苏南城市群的示范带动作用,实施"1+3"重点功能区战略,推动江苏区域协调发展,这对于推进"两聚一高"新实践、建设"强富美高"新江苏具有重大战略意义。

1.3　国内外研究现状

1.3.1　城市群研究

Geddes 等[①]创新性地提出了集合城市(Conurbation)的概念,被大多数学者认同为城市群概念的雏形。Gottmann[②]提出了大都市带(Megalopolis)的概念,描述美国东北海岸城市分布密集区域,这被认为是现代意义上城市群研究的开端。Kunzmann 和 Wegener[③]基于世界经济一体化与区域经济集团化,认为城市群是一种产业高度集合的空间组织形式。Scott[④]提出了全球城市区域(Global City-Region)的概念,把全球城市的概念引入到城市群定义中。Peter Hall 等[⑤]提出了巨型城市区域(Mega-City Region)的概念,指的是一个结构复杂、规模庞大、以世界级城市为核心的网络状城市复合体。

于洪俊等[⑥]首次介绍了戈特曼的思想,并把"Megalopolis"翻译为"巨大都市带"。宋家泰等[⑦]的文献中在国内首次引用了"城市群"的概念,他指出城市发展过程中会与周边其他城市一起逐渐形成稳定的空间结构体系。周一星[⑧]提出了中国的都市连绵区(MIR)概念,将其定义为以都市区为基本组成单元,多核心、城市间紧密相连的城乡一体化区域。董黎明等[⑨]认为城市群等同于城市密集区。朱英明[⑩]认为城市群具有分形特征、二次极化特征、交通制导作用、传动作用、网

---

①　Baigent E. Patrick Geddes, Lewis Mumford, Jean Gottmann. Divisions Over 'Megalopolis'[J]. Progress in Human Geography, 2004,28(2):687-700.

②　Gottmann J. Megalopolis or the Urbanization of the Northeastern Seaboard[J]. Economic Geography, 1957,33(3):189-200.

③　Kunzmann K R, Wegener M. The Pattern of Urbanization Western Europe[J]. Ekistics, 1991,50(2):156-178.

④　Scott A J. Regional Motors of the Global Economy[J]. Future,1996,28(5):391-411.

⑤　Hall P, Pain K. The Polycentric Metropolis: Learning From Mega-City Regions in Europe[M]. London: Earthscan, 2006.

⑥　于洪俊,宁越敏.城市地理概论[M].合肥:安徽科学技术出版社,1983.

⑦　宋家泰,崔功豪,张同海.城市总体规划[M].北京:商务印书馆,1985.

⑧　Zhou Y X. Definition of Urban Place and Statistical of Urban Population in China: Problem and Solution[J]. Asian Geography, 1988(7):12-18.

⑨　董黎明,孙胤社.市域城镇体系规划的若干理论方法[J].地理与地理信息科学,1988(3):19-25.

⑩　朱英明.城市群经济空间分析[M].北京:科学出版社,2004.

络组合特征。江曼琦[①]把城市群定义为多核心组团的城市空间组合。姚士谋等[②]把城市群的概念界定为,在特定的地域范围内具有相当数量的不同性质、类型和等级规模的城市,依托一定的自然环境条件,以一个或两个超大或特大城市作为地区经济的核心,借助于现代化的交通工具和综合运输网的通达性,以及高度发达的信息网络,发生与发展着城市个体之间的内在联系,共同构成一个相对完整的城市"集合体"。吴启焰[③]把城市群的概念界定为,在特定地域范围内具有相当数量不同性质、类型和等级规模的城市,依托一定的自然环境条件,以一个或两个特大或大城市作为地区经济的核心,借助于综合运输网的通达性,发生于城市个体之间、城市与区域之间的内在联系,共同构成一个相对完整的城市地域组织。肖金成等[④]把城市群的概念界定为,在特定的区域范围内云集相当数量的不同性质、类型和等级规模的城市,以一个或是几个特大城市为中心,依托一定的自然环境和交通条件,城市之间的内在联系不断加强,共同构成一个相对完整的"城市集合体"。倪鹏飞[⑤]认为,城市群是由集中在某一区域、交通通信便利、彼此经济社会联系密切而又相对独立的若干城市或城镇组成的人口与经济集聚区。方创琳[⑥]则认为,城市群是指在特定地域范围内,以1个特大城市为核心,至少以3个都市圈(区)或大中城市为基本构成单元,依托发达的交通通信等基础设施网络,所形成的空间相对紧凑、经济联系紧密并最终实现同城化和一体化的城市群体。

从上述研究成果可以发现,目前城市群及相关概念的研究还存在着以下问题:一是领域不同,认识各异,对"Megalopolis"的译法也存在很大差异。有些学者译为"(大)都市连绵区",如周一星、胡序威等;有些学者译为"(大)都市圈",如高汝熹、周起业、罗明义等;有些学者则译为"城市群",如姚士谋、肖金成等。二是对于城市群规模范围的划分不统一。针对城市群规模范围的划分,不同学科、不同视角也有着不同的见解,相关研究对城市群的划分大多数都按区域规划学科与视角考虑,很少有从区域经济相关性角度分析城市群的空间范围。

①　江曼琦.对城市群及其相关概念的重新认识[J].城市发展研究,2013(5):30-35.

②　姚士谋,陈振光,朱英明,等.中国城市群[M].合肥:中国科学技术大学出版社,2006.

③　吴启焰.城市密集区空间结构特征及演变机制——从城市群到大都市带[J].人文地理,1999,14(1):15-20.

④　肖金成,欧阳慧.优化国土空间开发格局研究[M].北京:中国计划出版社,2015.

⑤　倪鹏飞.中国城市竞争力报告 No.6[M].北京:社会科学文献出版社,2008.

⑥　方创琳.城市群空间范围识别标准的研究进展与基本判断[J].城市规划学刊,2009(4):1-6.

1.3.2 产业结构优化研究

1.3.2.1 关于区域产业升级的研究

国外学者界定产业升级的视角较为微观,将企业的生产能力以及竞争力的提高视为产业升级的本质。Porter[1]认为,产业升级是当资本相对于劳动力和其他资源禀赋更加充裕时,国家在资本和技术密集型产业中发展比较优势。Gereffi[2]认为产业升级是一个企业提高更具盈利能力的资本和技术密集型经济领域的能力的过程,这一过程是在价值链内部从低到高的增加值活动转变。Poon[3]认为产业升级就是制造商成功从生产低价值的劳动密集型产品向生产高价值的资本或技术密集型产品转换的过程。国内学者对产业升级的研究大多始于20世纪80年代,主要是从宏观视角对产业经济学和发展经济学中产业升级理论的深化认识。一般认为,产业升级和产业结构升级密切相关。比如,喆儒[4]认为,产业升级指产业由低层次向高层次的转换过程,不仅包括产业产出总量增长,而且包括产业结构高度化,即产业结构升级。有学者认为,产业升级和产业结构升级不同,对产业升级有不同的具体解释。代表观点如:李江涛、孟元博[5]认为,从全球竞争和国际产业的视角看,产业升级应包括产业结构升级和产业链升级;产业升级是一个比产业结构升级更高层次的概念,即产业升级包括两个不同升级方向的、并列的产业发展内容——产业结构升级和产业深化发展。李晓阳、吴彦艳、王雅林[6]认为,产业升级指产业结构的改善和产业素质与效率的提高,前者表现为产业协调发展和结构的提升,后者表现为生产要素的优化组合、技术水平和管理水平以

---

① Porter M E. The Competitive Advantage of Nations[M]. London: Macmillan, 1990.

② Gereffi G. International Trade and Industrial Upgrading in the Apparel Commodity Chain[J]. Journal of International Economies, 1999(48):37 - 70.

③ Poon T. Shuk-Ching. Beyond the Global Production Networks: A Case of Further Upgrading of Taiwan's Information Technology Industry[J]. International Journal of Technology and Globalisation, 2004(1): 130 - 144.

④ 喆儒. 产业升级——开放条件下中国的政策选择[M]. 北京:中国经济出版社,2006.

⑤ 李江涛,孟元博. 当前产业升级的困境与对策[J]. 国家行政学院学报,2008(5):81 - 84,96.

⑥ 李晓阳,吴彦艳,王雅林. 基于比较优势和企业能力理论视角的产业升级路径选择研究——以我国汽车产业为例[J]. 北京交通大学学报(社会科学版),2010,9(2):23 - 27.

及产品质量的提高。学者们还对产业结构优化的进程、路径等具体问题进行了研究。[1][2][3][4]在总体上,国外学者多从微观层面研究,国内学者们关注较多的是产业结构中各产业的地位、关系向更高级方向的协调。

1.3.2.2 关于区域产业结构优化与经济增长的研究

国内外学者大多认为产业结构的优化可以对经济增长起到促进作用,也有部分学者认为产业结构优化对经济增长的影响受到限制。代表性观点如表 1-1 所示。

表 1-1 区域产业结构与经济增长研究

地区	代表性学者	主要观点
国外	Kuznets[5]	经济增长的 10% 是由产业结构变动造成的,伴随经济发展,产业结构也在变化
	Denison[6]	产业结构变动是经济增长的重要因素之一
	Akkemik[7]	产业结构是国民经济发展的重要决定因素,产业结构的优化可以促进经济增长
	Silva 等[8]	在经济欠发达国家,高新技术与信息技术产业促进经济增长作用明显
	郭克莎[9]	产业结构的瓶颈与结构偏差度,以及产业结构优化升级缓慢将束缚中国经济增长

---

① 靖学青.产业结构高级化与经济增长对长三角地区的实证分析[J].南通大学学报(社会科学版),2005,21(3):45-49.

② 李玉凤.黑龙江省产业结构优化及仿真[D].哈尔滨:哈尔滨理工大学,2009.

③ 刘佳,朱桂龙.基于投入产出表的我国产业关联与产业结构演化分析[J].统计与决策,2012(2):136-139.

④ 刘德权,邢玉升."一带一路"战略下东北地区产业结构转型升级研究[J].求是学刊,2016,43(3):60-66.

⑤ Kuznets S. Economic Growth of Nations: Total Output and Production Structure[M]. Cambridge: Harvard University Press,1971.

⑥ Denison E F. Accounting for United States Economic Growth, 1929-1969[M]. Washington: Brookings Institution Press,1974.

⑦ Akkemik K A. Labor Productivity and Inter-Sectoral Reallocation of Labor in Singapore(1965-2002)[J]. Forum of International Development Studies, 2005(30):1-22.

⑧ Silva E, Teixeira A. Surveying Structural Change: Seminal Contributions and a Bibliometric Account[J]. Structural Change and Economic Dynamics, 2008,19(4):273-300.

⑨ 郭克莎.结构优化与经济发展[M].广州:广东经济出版社,2001.

续表 1-1

地区	代表性学者	主要观点
国内	汪红丽①	产业结构和投资结构通过对资本效率和经济规模的双重影响刺激上海市经济增长
	黄秉杰、孙旭杰②	使用 VAR 模型动态计量分析山东的相关数据,得出通过产业结构调整可以推动山东经济持续增长的结论
	干春晖等③	产业结构合理化与经济增长之间有明确的关联性,但产业结构的高度化与经济增长的关系并不明确
	何平等④	我国产业结构对经济增长的影响并不显著
	赵新宇、万宇佳⑤	产业结构高度化对经济增长有显著负面影响,产业结构合理化对经济增长贡献较小
	赵丹⑥	第三产业的发展对 GDP 增长的贡献最大,是区域经济发展的新增长点
	严太华、李梦雅⑦	资源依附型城市产业结构有待优化,对经济增长作用最小;资源依托型城市产业结构对经济增长的贡献最大;资源依从型城市产业结构对经济增长的提升作用也很大
	李翔、邓峰⑧	产业结构升级对经济增长呈负向影响
	李成刚、杨兵、苗启香⑨	产业结构合理化对经济增长呈显著负向影响,产业结构高级化呈显著正向影响

---

① 汪红丽.经济结构变迁对经济增长的贡献——以上海为例的研究 1980—2000[J].上海经济研究,2002(8):9-15.

② 黄秉杰,孙旭杰.产业结构与经济增长动态关系的探讨——基于 VAR 模型的山东省实证分析[J].技术经济与管理研究,2013(5):109-113.

③ 干春晖,郑若谷,余典范.中国产业结构变迁对经济增长和波动的影响[J].经济研究,2011,46(5):4-16,31.

④ 何平,陈丹丹,贾喜越.产业结构优化升级研究[J].统计研究,2015(7):31-37.

⑤ 赵新宇,万宇佳.产业结构变迁与区域经济增长——基于东北地区 1994—2015 年城市数据的实证研究[J].求是学刊,2018,45(6):61-69.

⑥ 赵丹.基于马尔科夫理论的西部欠发达地区产业结构升级与经济增长实证研究[J].数学的实践与认识,2019(22):9-15.

⑦ 严太华,李梦雅.资源型城市产业结构调整对经济增长的影响[J].经济问题,2019(12):75-80.

⑧ 李翔,邓峰.科技创新、产业结构升级与经济增长[J].科研管理,2019,40(3):84-93.

⑨ 李成刚,杨兵,苗启香.技术创新与产业结构转型的地区经济增长效应——基于动态空间杜宾模型的实证分析[J].科技进步与对策,2019,36(6):33-42.

综上所述,学者们在产业结构对经济增长是否起促进作用的认定上存在一定争议。大量研究结果表明,产业结构的优化可以促进经济增长,但在某些方面也存在着争议,比如一些学者认为产业结构调整对经济增长的影响受到一些方面的约束,作用有限;大多数学者认同高新技术主导产业对促进经济增长有较大作用,认为粗放式经济增长模式影响经济发展。

1.3.2.3 关于产业结构优化与城市化的研究

城市化是工业化的产物,其与产业经济存在高度的依赖和互动关系。Pandy[1]通过实证研究发现,非农人口所构成的劳动力对城市化的发展有积极且显著的影响。Davis 和 Henderson[2] 计算 1841—1931 年英格兰和威尔士的工业化与城市化的相关系数为 0.985,1866—1946 年法国的工业化与城市化的相关系数为0.967,均为非常高的正相关系数。Moomaw 和 Shatter[3] 的研究认为工业人口的增加对城市化发展有促进作用,而与此相反,农业人口的增加会阻碍城市化进程。Moir[4] 把 1945—1973 年这个阶段划分为三个阶段,统计了 75 个国家的数据进行分析考察,结果表明:在发展水平较低的阶段里,城市化与第二产业有紧密的联系,而发达国家的第三产业的劳动力份额和城市化之间有着更加密切的联系。刘耀彬和王启仿[5]的研究结果显示:我国省区的工业化与城市化协调发展的地区分布和区域经济发展水平存在很大的空间对应关系。张燕和吴玉鸣[6]应用耦合机制和时空协调性模型进行了研究。余华银和杨烨军[7]的研究表明,安徽工业化对城市化的促进作用是较为显著的,新型工业化水平每提高 1 个百分点,城市化水

① Pandy S M. Nature and Determinants of Urbanization in a Developing Economy: The Case of India[J]. Economic Development and Cultural Change, 1997,25(2):265 - 278.

② Davis J C, Henderson J V. Evidence on the Political Economy of the Urbanization Process[J]. Journal of Urban Economics, 2003,53(1):98 - 125.

③ Moomaw R L, Shatter A M. Urbanization and Economic Development: A Bias Toward Large Cities? [J]. Journal of Urban Economics, 1996,40(1):13 - 37.

④ Moir H. Relationships between Urbanization Level and the Industrial Structure of the Labor Force[J]. Economic Development and Cultural Change, 2006,25(1):123 - 135 .

⑤ 刘耀彬,王启仿.改革开放以来中国工业化与城市化协调发展分析[J].经济地理,2004,24(5):600 - 603,613.

⑥ 张燕,吴玉鸣.中国区域工业化与城市化的时空耦合协调机制分析[J].城市发展研究,2006,13(6):46 - 51.

⑦ 余华银,杨烨军.安徽新型工业化与城市化关系研究[J].财贸研究,2007(1):13 - 19.

平会提高 0.53 个百分点。纪成君和孙晓霞[①]认为城镇化对产业结构升级具有持久的促进作用,但产业结构升级对城镇化具有抑制作用。蔡悦灵、吴功亮、林汉川[②]研究发现,就中国城市群而言,技术进步以及产业结构升级对城市化水平提高有着显著促进作用。同时,技术进步视角下,产业结构升级对城市化的影响具有区域差异性。魏敏和胡振华[③]利用相关历史数据,对中国各省新型城镇化与产业结构演变耦合协调性水平进行实证研究。结论显示:各省新型城镇化综合发展水平呈正态分布,两极分化现象严重;各省产业结构综合发展水平不稳定,存在较大差异;多数省新型城镇化综合发展水平略高于产业结构综合发展水平;各省新型城镇化与产业结构演变耦合协调性水平总体较好,但仍有待提升,离优质协调还有较大差距,并且存在明显区域差异,呈现从东至西递减现象。

1.3.2.4 关于城市产业结构优化一般规律、驱动因素的研究

除产业结构优化升级的一般规律外,城市产业结构优化升级还有其特有规律。

在工业化阶段,一个国家的现代制造业主要集中于最大都市区的核心城市。随着核心城市产业结构的升级,这些产业向外转移:首先是从核心区域到大都市区域的外围,然后是从大都市区域到其腹地。Desmet 等[④]研究印度的趋势,Duranton 和 Puga[⑤]利用克鲁格曼指数研究不同等级城市专业化程度的变化都得出类似结论。

对于处在不同发展阶段的国家而言,其大城市产业专业化程度均呈现出不断提高的趋势。从 1995 年到 2008 年,中国所有空间尺度城市(包括大城市、中小城市和乡镇地区)的产业专业化程度都有所增加。对于处于后工业化阶段的国家来说(如美国),其大城市的产业专业化程度在不断提高,中小城市的制造业专业化

① 纪成君,孙晓霞.信息化、城镇化与产业结构升级的互动关系[J].科技管理研究,2019(21):194 - 199.

② 蔡悦灵,吴功亮,林汉川.产业结构升级对中国城市群城市化影响机制的实证检验[J].统计与决策,2019,35(20):125 - 129.

③ 魏敏,胡振华.区域新型城镇化与产业结构演变耦合协调性研究[J].中国科技论坛,2019(10):128 - 136.

④ Desmet K, Ghani E, O'Connell S D, et al. The Spatial Development of India[J]. Journal of Regional Science, 2015,55(1):10 - 30.

⑤ Duranton G, Puga D. From Sectoral to Functional Urban Specialization[J]. Journal of Urban Economics, 2005,57(2):343 - 370.

程度在过去 30 年中有所下降,但中小城市的标准化服务的专业化程度有所提高。在产业优化结构升级过程中,大城市偏向于承载总部功能。总部一般位于较大的服务型城市,生产企业由总部外包大多数服务功能。生产性服务业是联结城市制造业和服务业的桥梁,并将制造业高劳动生产率和服务业高就业率的优势结合起来,成为城市发展的新动力。[1]

对于推进城市产业结构升级的内在动力,理论界认为主要存在两种效应:一是收入效应。随着收入增加,使得人们有更多的选择权去追求更好的产品和更优质的服务。需求的变化推动产业结构升级,进而为消费者提供更好质量的产品和更满足人性需求的服务。Boppart[2] 对效用函数进行不同程度的扩展和改变,来解释收入效应对产业结构转型的影响。二是由劳动生产率变化所引致的消费品价格变化的价格效应。部分产业劳动生产率的提高将带动该产业在人员雇佣、薪酬支付的变化,引起劳动人口在不同产业间的转移。同时,部分产业劳动生产率的提高将增加该产业的国际竞争力,带动上下游产业发展,促进整体经济结构调整,提高整体经济的劳动生产率,实现产业结构优化升级。Ngai 和 Pissarides[3] 建立了一个多部门的经济增长模型,假设不同部门之间的 TFP(全要素生产率)增速不同,在经济增长达到均衡状态时,劳动力会在不同部门之间流动,使得经济体发生产业结构升级。该模型的运行机制是不同产业 TFP 增长后,不同产品相对价格的变化导致产业结构升级。

1.3.3 产业集聚研究

从理论层面来看,对产业区域集聚这种现象的经济学关注可追溯到德国的古典区位理论。约翰·冯·杜能在其 1826 年的著作《孤立国同农业和国民经济的关系》中创立了农业区位理论,并探讨了工业在大城市形成集聚的七大原因。[4] 马歇尔(Alfred Marshall)在其 1890 年的著作《经济学原理》中对产业地方化现象

① 黄佳金.城市产业结构升级研究的趋势分析[J].区域经济评论,2019(1):150 - 156.

② Boppart T. Structural Change and the Kaldor Facts in a Growth Model with Relative Price Effects and Non-Gorman Preferences[J]. Econometrica, 2011,82(6):2167 - 2196.

③ Ngai L R, Pissarides C. Structural Change in a Multi-Sector Model of Growth [J]. The American Economic Review, 2007,97(1):429 - 444.

④ 杜能.孤立国同农业和国民经济的关系[M].吴恒康,译.北京:商务印书馆,1986:19 - 89.

进行了分析,提出了产业集聚外部性概念。[①] 然而由于传统理论都是在规模报酬不变和完全竞争的假定前提下研究产业区位选择,致使空间因素迟迟未能纳入主流经济学体系。克鲁格曼(Krugman)将马歇尔的外部规模经济归纳为三个因素:专业化的劳动力市场共享、中间投入品市场和知识溢出。[②] 以藤田、克鲁格曼、维纳布尔斯等为代表的学者在规模报酬递增与不完全竞争市场为特征的新贸易理论框架下,引入了运输成本、外部经济、要素流动以及路径依赖等因素,来研究产业集聚与扩散,并最终创立了新经济地理学。新经济地理学将区位理论与新贸易理论有机整合,成为迄今为止研究产业集聚的主流经济学理论。理论上的突破也引起了众多经济学家对产业区域集聚实证分析的关注,导致了一系列研究的产生。Martin 和 Rogers[③] 研究了基础设施对制造业区域集聚的作用。Martin 和 Ottaviano[④] 将新增长理论与新经济地理学相结合,研究了技术外溢与产业集聚之间的关系。Lanaspa,Pueyo 和 Sanz[⑤] 在核心—边缘模型的两部门基础上引入政府部门,考察了政府行为对制造业区域集聚的影响。模型认为,税负水平低或者政府办事效率高的地区,会吸引厂商的集聚。Ellison 等[⑥]考察了 1972—1997 年美国制造业行业的空间集聚。路江勇和陶志刚[⑦]分析了中国 1998—2003 年制造业行业集聚的趋势以及影响行业集聚的微观基础。文东伟、冼国明[⑧]运用 Ellison 和 Glaeser[⑨] 构建的 EG 指数或 γ 指数,量化了中国制造业的空间集聚程度,并进一步运用动态面板数据模型和 GMM 模型讨论了制造业空间集聚、融资约束、全

① 马歇尔.经济学原理[M].彭逸林,王威辉,商金艳,译.北京:人民日报出版社,2009:162-179.

② Krugman P. Geography and Trade[M]. Cambridge:MIT Press,1991.26-83.

③ Martin P,Rogers C A. Industrial Location Public Infrastructure[J]. Journal of International Economics,1995,39(3-4):335-351.

④ Martin P,Ottaviano G I P. Growing Locations:Industry Location in a Model of Endogenous Growth[J]. European Economic Review,1999,43(2):281-302.

⑤ Lanaspa L F,Pueyo F,Sanz F. The Public Sector and Core-Periphery Models[J]. Urban Studies,2001(38):1639-1649.

⑥ Ellison G,Glaeser E L,Kerr W. What Causes Industry Agglomeration? Evidence from Conglomeration Patterns[EB/OL]. [2007-04-03]. http://www.hbs.edu/research/pdf/07-064.pdf.

⑦ 路江涌,陶志刚.我国制造业区域集聚程度决定因素的研究[J].经济学(季刊),2007,6(3):801-816.

⑧ 文东伟,冼国明.中国制造业的空间集聚与出口:基于企业层面的研究[J].管理世界,2014(10):57-74.

⑨ Ellison G,Glaeser E L,Kerr W. What Causes Industry Agglomeration? Evidence from Conglomeration Patterns[EB/OL]. [2007-04-03]. http://www.hbs.edu/research/pdf/07-064.pdf.

要素生产率等因素对中国制造业企业出口的影响。张帆[①]基于金融资源和金融规模两个视角,实证分析了中国及其主要区域 2001—2013 年金融产业集聚效应的变化情况。江瑶、高长春[②]建立面板数据的半参数回归模型,对长三角地区高技术产业五大细分行业集聚影响因素进行实证分析。王兆峰、霍菲菲[③]利用区位商公式构建旅游区位商指数体系,对湖南武陵山区 4 个地市的旅游产业集群形成与否进行鉴别,而后借鉴柯步—道格拉斯生产函数模型,廓清旅游产业集聚对区域经济增长的影响程度。马立平、鲍鑫、熊璞刚[④]利用三个测度指标分析京津冀地区文化产业及其细分产业的集聚特征。刘华军、王耀辉、雷名雨[⑤]采用空间基尼系数和标准差椭圆技术考察了中国战略性新兴产业空间集聚程度及区位分布特征,并使用探索性空间数据分析探究了其空间集聚模式。研究发现:样本考察期内,中国战略性新兴产业的空间集聚处于较低水平;区位分布呈现出偏东北—偏西南走向的空间格局,分布重心趋于南移;空间集聚模式以高—高型集聚和低—低型集聚为主,高—高型集聚的省份较少且集中在东部沿海地区。

① 张帆.中国金融产业集聚效应及其时空演变[J].科研管理,2016,37(4):417 - 425.

② 江瑶,高长春.长三角高技术产业细分行业集聚影响因素研究——基于面板数据的半参数模型[J].经济问题探索,2017(3):115 - 122,148.

③ 王兆峰,霍菲菲.湖南武陵山区旅游产业集聚与区域经济发展关系测度[J].地域研究与开发,2018,37(2):94 - 98.

④ 马立平,鲍鑫,熊璞刚.京津冀地区文化产业集聚水平及特征分析[J].出版发行研究,2019(3):29 - 33.

⑤ 刘华军,王耀辉,雷名雨.中国战略性新兴产业的空间集聚及其演变[J].数量经济技术经济研究,2019,36(7):99 - 116.

1.4　研究方法与研究内容

1.4.1　研究方法

1.4.1.1　理论与实证相结合

城市群引领区域经济社会发展,是国家与区域经济发展的战略支撑点、增长极点和核心节点。本书选题本身就是结合长三角城市群国家战略,针对苏南城市群发展迫切需要解决的产业结构优化升级的实际问题,而进行的理论与实际应用相结合的一项基础研究。在归纳经济地理学、城市地理学、区域经济学、产业经济学、空间经济学等学科中关于产业特点的相关概念、基本原理的基础上,从产业空间分布、产业结构和产业竞争力三个方面对苏南城市群的产业演变特征进行了实证分析,使本书研究更有实践和理论意义。

1.4.1.2　定性分析和定量分析相结合

在定性分析的基础上,运用统计学、产业经济学方法进行量化研究,以提高研究成果的准确性和客观性。定量研究在整个研究过程中都有体现,重点体现在应用统计数据和计量模型对苏南城市群的产业特点从数量上进行深入分析。对于无法采用定量分析的内容,则力求准确、简明的定性描述,以强化分析的透彻性。本书运用定性分析与定量分析相结合的研究方法,有助于对苏南城市群的产业特点进行系统科学的分析,提升本书所提出的优化路径的可行性和可操作性。

1.4.1.3　多维视角的多学科交叉研究方法

城市群本身是复杂的地域空间单元,本书从多维视角采用多学科交叉的方法,从区域产业结构的横向与纵向两个研究视角,综合分析区域产业结构的关联性、影响因素、产业集聚与分工,系统、全面地阐述区域产业结构的优化路径,并综合区域经济学、产业经济学、经济地理学、环境经济学、城市规划学等学科的研究方法,分析城市群产业集聚与互动、产业结构优化升级与调整、区域产业分工与合作以及供给侧改革,这无疑是避免相关单一研究的局限性的创新研究方法。

1.4.2　研究思路与研究内容

以苏南城市群产业特点为实证研究对象,采用统计分析与计量分析等方法,对产业空间分布、产业结构和产业竞争力三个方面进行较为全面的分析与探讨,并提出优化升级的路径。本书基本框架由七章构成。

第1章　绪论,主要内容有:(1)研究背景;(2)研究意义;(3)国内外研究现状;(4)研究方法与研究内容。

第2章　基本概念与相关理论,主要内容有:(1)基本概念界定,包括城市、城市群、产业结构、产业集聚、产业结构优化等相关概念;(2)相关理论,包括古典区位理论、近代区位理论、现代区位理论、新经济地理理论等区位理论,产业结构演变理论、经济增长理论、供给侧改革理论等产业理论,增长极理论、点轴开发理论、核心—边缘理论、产业集群理论等产业空间理论。

第3章　苏南城市群区域发展格局与经济发展态势,主要内容有:(1)苏南城市群区域及经济发展概况,包括苏南城市群区位条件及资源概况、苏南城市群城镇发展格局概况、苏南城市群产业空间布局概况以及苏南城市群生态空间格局概况;(2)苏南城市群经济发展优势与作用地位;(3)苏南城市群经济发展历程及产业结构演变,包括改革开放以来苏南城市群经济发展四个阶段以及产业结构演变。

第4章　苏南城市群产业集聚水平及影响因素分析,主要内容有:苏南城市群产业集聚水平测度、产业集聚影响因素分析。

第5章　苏南城市群产业结构与竞争力评价,主要内容有:利用模型科学测度苏南城市群产业结构合理化、高度化和竞争力发展水平,研判其影响因素。

第6章　世界典型城市群产业发展实践,主要内容是通过对东京都市圈、波士华城市群以及西北欧城市群的产业分布与结构进行梳理和分析,以期对苏南城市群产业结构调整提供经验借鉴。

第7章　苏南城市群产业结构优化升级的路径选择与策略取向。

具体技术路线图如下所示。

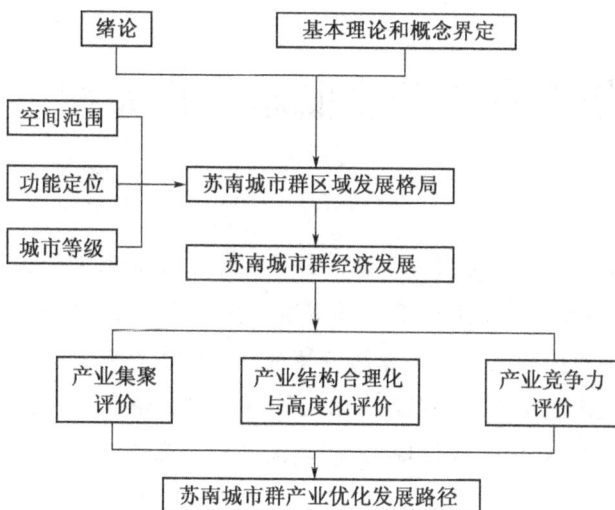

第2章　基本概念与相关理论

　　在对苏南城市群产业结构特征进行实证分析之前,需要对研究中涉及的基本概念进行界定,对涉及的基本理论进行评述。在明晰概念和梳理理论的基础上,才能更深刻地理解苏南城市群产业演变特征。本章主要对城市、城市群、苏南城市群、产业结构、产业集聚、产业结构优化等与研究紧密联系的核心概念进行界定,根据研究主题对相关的区位理论、产业演变理论和产业空间理论等研究理论进行归纳总结。

2.1　基本概念界定

2.1.1　城市、城市群、苏南城市群概念界定

2.1.1.1　城市

城市,是"城"与"市"的组合词。早期的城市是"城"与"市"的有机统一。"城"是一定区域内用作防卫而围起来的城垣,"市"是进行商品交易的场所。[①]《管子·度地》说"内为之城,内为之阇"。这两者都是城市最原始的形态,严格地说,都不是真正意义上的城市。美国经济学家奥沙利文(Arthur O'Sullivan)认为,城市是"在相对较小的面积里居住了大量人口的地理区域"[②]。英国经济学家巴顿认为,城市是"一个坐落在有限空间地区内的各种经济市场相互交织在一起的并与域外相互联系的网状系统"[③]。《现代汉语词典》(第 6 版)认为,"城市是人口集中、工商业发达、居民以非农业人口为主的地区,通常是周围地区的政治、经济、文化中心"。

综上所述,城市是一个坐落在有限空间地区内的各种经济市场,如住房、劳动力、土地、运输等相互交织在一起的网络系统,是以非农业产业和非农业人口集聚形成的人口较稠密的地区,一般包括住宅区、工业区和商业区,并且具备行政管辖功能。

2.1.1.2　城市群

自从帕特里克·格迪斯(P. Geddes)在 20 世纪初提出了 Megalopolis 和 Conurbation 两个概念[④]之后,国内外许多学者一直在重点关注城市群的发展研究。关于城市群的具体界定标准,其主要观点有:苏联学者初步提出类似城市群的概念,如"规划区""经济城""城市经济区"等,并提出了城市群的界定方法。英国统计部门从人口密度、空间景观及城镇职能等多方面提出限定条件,认为城市

[①]　谢文蕙,邓卫. 城市经济学[M]. 2 版. 北京:清华大学出版社,2008:4.

[②]　奥沙利文. 城市经济学[M]. 周京奎,译. 6 版. 北京:北京大学出版社,2008:2.

[③]　巴顿. 城市经济学:理论与政策[M]. 北京:商务印书馆,1984:14.

[④]　Baigent E. Patrick Geddes, Lewis Mumford, Jean Gottmann. Divisions over 'Megalopolis'[J]. Progress in Human Geography, 2004,28(6):687 - 700.

群概念为"地方行政区域结合体"(Aggregates of Local Authority Area)。日本统计部门提出都市圈的概念,认为通勤圈随着交通的快速发展,规模将会相对更大,在一定程度上具有城市群的特征。国内对于城市群的研究始于 1980 年代,其概念的来源主要为国外的"Megalopolis""Metropolitan Area"等相关术语,认为城市群是一个涵盖范围极广并具有顶层属性的概念。[①] 目前,关于城市群概念界定的主要观点如表 2-1 所示。

表 2-1 国内外代表性学者关于城市群概念的观点

地区	作者	主要观点
国外	Fawcett[②]	城市群是在已经建成的城市区域范围内,城市功能用地上连续的区域
	Gottmann[③]	提出大都市带的概念,认为其范围较大,是由多个发育较为成熟、具有各自特色的都市区形成的文化、政治、经济、社会、自然等多方面有机紧密联系的组合体,是城市群发育的最高级阶段
	Mcgee 等[④]	认为城市群中心地区处于大城市的交通走廊地带,这些地区能够借助于城乡之间强烈的相互作用,并具有其他非农产业、劳动密集型工业、服务业迅速增长的特征
国内	周一星[⑤]	以若干大型城市为中心,并与周围的区域存在密切的社会经济联系和交互作用,同时沿着多条或者一条交通路径分布的巨大城乡一体化区域
	董黎明[⑥]	称为城市密集分布地区,即在较为发达的商品经济、较高的城镇化水平和社会生产力的区域内,那些具有不同类型、不同特色和不同等级的城镇聚集起来,形成城镇体系

---

① 戴宾. 城市群及其相关概念辨析[J]. 财经科学,2004(6):101-103.

② Fawcett C B. Distribution of the Urban Population in Great Britain[J]. Geographical Journal, 1932,79(2):100-113.

③ Gottmann J. Megalopolis or the Urbanization of the Northeastern Seaboard[J]. Economic Geography, 1957,33(3):189-200.

④ Mcgee G W, Ford R C. Two (or more?) Dimensions of Organizational Commitment: Reexamination of the Affective and Continuance Commitment Scales[J]. Journal of Applied Psychology, 1987,72(4):638-641.

⑤ 周一星. 关于明确我国城镇概念和城镇人口统计口径的建议[J]. 城市规划,1986(3):10-15.

⑥ 董黎明. 中国城市化道路初探[M]. 北京:中国建筑工业出版社,1989:102-104.

续表 2 - 1

地区	作者	主要观点
国内	顾朝林[①]	城市群是指多个中心城市在各自的基础设施建设和经济发展等方面起到其相应的社会经济功能,所形成的一体化经济社会网络
	姚士谋等[②]	在自然环境下,那些具有相当数量的不同等级规模、性质和类型的城市,以一个或多个超大、特大城市为经济发展核心,同时使用现代化的信息网络和交通工具,使城市个体之间紧密联系,从而组成了一个相对完整的城市"集合体",即为城市群
	孙一飞[③]	城镇密集区是城镇之间以及城镇与区域之间的联系不断加强、城镇空间不断扩大、城乡的社会经济文化逐步趋于一体化、区域城镇化与城镇区域化相互作用的结果
	吴启焰[④]	城市群是指在特定的地域范围之内,城市的个体之间和区域同城市之间存在的内在联系,共同组成了完善的城市地域组织
	胡序威[⑤]	城镇密集区更强调城镇彼此之间的相互影响同城乡一体化之间的对应关系,而城市群则更强调城市之间的彼此作用和联系
	吴传清、李浩[⑥]	城市群是由若干不同类型、性质、规模的城市在一定的范围之内,以市场纽带和区域经济发展为基础而形成的城市网络群体

① 顾朝林.中国城镇体系——历史·现状·展望.[M].北京:商务印书馆,1992:219 - 226.

② 姚士谋,等.中国的城市群[M].合肥:中国科学技术大学出版社,1992.

③ 孙一飞.城镇密集区的界定——以江苏省为例[J].经济地理,1995,15(3):36 - 40.

④ 吴启焰.城市密集区空间结构特征及演变机制——从城市群到大都市带[J].人文地理,1999,14(1):15 - 20.

⑤ 中国科学院地理研究所.城镇与工业布局的区域研究[M].北京:科学出版社,1986:308 - 316.

⑥ 吴传清,李浩.关于中国城市群发展问题的探讨[J].经济前沿,2003(2):29 - 31.

续表 2 - 1

地区	作者	主要观点
国内	苗长虹、王海江[①]	城市群是指在特定范围的区域内,将一些超大或特大城市作为发展的核心,并以许多中小型城镇作为辅助发展地区,以都市经济区为发展基础,凭借各城市或城镇彼此间的联系和交流,从而形成一定密度的城市功能区域
	倪鹏飞[②]	城市群是指由交通便利、经济联系紧密、城镇较为集中的相对独立的城市和城镇共同构成的人口、经济、文化、科技等综合性的集聚区
	方创琳[③]	城市群是指在交通辐射、人口集中、区域政策激励机制、中心城市带动、产业集聚等诸多因素的共同作用下,形成新的经济发展地理单元。它既是城镇化与工业化高度发展的产物,也是都市圈或都市区高度发展的产物

综上所述,城市群是工业化、城市化进程中,区域空间形态高级化,一般由特定区域范围内一定数量的不同性质、类型和等级规模的城市组成,其中其核心城市一般为一个,有的为两个,极少数的为三四个。核心城市一般为特大城市,有的为超大城市或大城市,依托一定的自然环境和交通条件,城市与城市间的内在联系不断加强,共同构成一个相对完整的城市"集合体"。

2.1.1.3 苏南城市群

苏南是江苏省南部地区的简称,地处中国东南沿海长江三角洲中心,东靠上海,西连安徽,南接浙江,北依长江(苏中,苏北)、东海;是江苏经济最发达的区域,也是中国经济最发达、现代化程度最高的区域之一。苏南城市群包括南京、苏州、无锡、常州、镇江 5 个地级市,总面积 27 872 平方千米,占江苏省土地总面积的27.17%,其中平原面积占苏南土地总面积的 50.45%,山丘面积占 28.4%,水域面积占 21.15%;拥有广袤的太湖平原,水网密集,长江东西横贯境内;2015 年,苏南城市群常住人口 3 323 万人,占江苏省人口总数的 41.68%,其中南京 823 万、

---

① 苗长虹,王海江.中国城市群发展态势分析[J].城市发展研究,2005,12(4):11-14.
② 倪鹏飞.全球城市竞争力报告 No.6[M].北京:社会科学文献出版社,2008.
③ 方创琳.城市群空间范围识别标准的研究进展与基本判断[J].城市规划学刊,2009(4):1-6.

无锡 651 万、常州 470 万、苏州 1 061 万、镇江 318 万。2018 年,苏南城市群 GDP 总量达到了 53 956.76 亿元,其中苏州 18 597.47 亿元、南京 12 820.40 亿元、无锡 11 438.62 亿元、常州 7 050.27 亿元、镇江 4 050.00 亿元,人均 GDP 突破 16 万元,达到发达国家水平;城镇化率接近 70%,所有县(市)都进入全国综合实力百强县行列,其中 8 个县(市)进入前二十。2014 年 10 月,国务院批准支持南京、苏州、无锡、常州、昆山、江阴、武进、镇江 8 个国家高新区和苏州工业园区建设苏南国家自主创新示范区,这是全国第一个以城市群为单元的国家自主创新示范区。

2.1.2　产业结构、产业集聚、产业结构优化概念界定

2.1.2.1　产业结构

产业是一些具有某些相同特征的经济活动或经济组织的集合或系统。[①] 17 世纪,威廉·配第首次提出国民收入差异和经济发展阶段差异取决于产业结构差异的观点。随后,富朗索瓦·魁奈用纯产品理论、亚当·斯密用绝对优势理论、大卫·李嘉图用比较优势理论等均对产业结构做了阐述。1935 年,费雪依据阶段性经济发展规律在《进步和安全的冲突》一书中首次提出了"第三产业"的概念,以此区别第一产业和第二产业。之后,经过科林·克拉克、西蒙·库兹涅茨、罗斯托、钱纳里等一批学者的深入研究,极大地推进和发展了产业结构理论。产业结构是不同种类的生产要素在不同产业部门间的配置构成方式[②],是社会生产过程中国民经济各产业之间的构成状况及相互制约的生产技术经济联系和数量比例关系。[③] 产业结构包括产业之间的比例关系和各产业之间的联系方式或关联方式,前者涉及结构均衡问题,后者涉及结构效益问题。

2.1.2.2　产业集聚

产业集聚一词最早见于德国学者阿尔弗雷德·韦伯(Alfred Weber)的《工业区位论》,用以描述 19 世纪后期德国工业企业生产活动在特定地区的集中现象。[④]

---

① 杨公朴,夏大慰.产业经济学教程[M]上海:上海财经大学出版社,1998.
② 陈明森.自主成长与外向推动:产业结构演进模式比较[J].东南学术,2003(3):51 – 66.
③ 黄寰.论自主创新与区域产业结构优化升级[D].成都:四川大学,2006.
④ 韦伯.工业区位论[M].李刚剑,陈志人,张英保,译.北京:商务印书馆,2010.

魏后凯[1]认为,产业集聚(Industrial Agglomeration)是指某些产业在特定地域范围内的聚集现象。产业集聚概念不同于产业地理集中(Geographic Concentration)。产业地理集中侧重于反映产业在空间布局的非均衡性,即某些产业的产值或劳动力就业集中于少数几个地区,是从产业的区位选择角度考察其空间分布特点。与产业集聚不同,产业地理集中往往将所在地理单元看作一个整体,而不考虑发生在地域空间内部的结构性差异问题。产业集聚现象则既包含经济活动在一定地域范围内的非均衡分布,也涵盖所在空间内部微观经济主体的区位邻近,是比产业地理集中更为宽泛的概念。[2] 产业集聚是指同一产业在某个特定地理区域内高度集中,产业要素在空间范围内不断汇聚的一个过程。

2.1.2.3 产业结构优化

随着产业的成长与发展,不同产业之间往往需要进行适时调整和转换,形成合理的产业结构。英国经济学家克拉克首先采用三次产业分类标准,对产业结构调整进行研究,其研究包含三个重要假设:一是全部社会经济活动可以按照三次产业分类标准进行划分;二是将各分类产业劳动力占全部劳动力的比重,作为产业结构调整的测度指标;三是劳动力比重变动的基础是人均国民收入的持续提高。产业结构的持续调整和优化构成了产业结构演变的历史过程,刻画了产业结构变迁的基本路径。就产业结构优化升级的内涵而言,一般意义上的产业升级是在一国或区域范围内,专业化程度的提高、本地产品附加值的增加以及前向或后向一体化程度的提高,主要来自学习能力、吸收能力和创新能力的提高。[3] 面对经济转型的"新常态",在持续开放条件下,产业结构转型升级包括以工业化进程带动新产业建立和提升产业价值链两层含义。[4] 产业结构高度化强调的是产业结构发展水平的提升,包括主导产业的选择、战略产业的培育及衰退产业退出的由简单到复杂、由低级到高级的动态演进过程。在此过程中,不断升级的产业结构将加速产值占比优势由第一产业向第二、三产业转移,并将同时实现由初始的劳动密集型产业向最终的技术知识密集型产业转化,不断提高劳动生产率水平以

---

① 魏后凯. 现代区域经济学[M]. 北京:经济管理出版社,2011:157.

② 王媛玉. 产业集聚与城市规模演进研究[D]. 长春:吉林大学,2019.

③ Hirschman A O. Strategy of Economic Development[M]. New Haven: Yale University Press, 1985.

④ 安礼伟,张二震. 对外开放与产业结构转型升级:昆山的经验与启示[J]. 财贸经济,2010(9): 70-74.

及产品附加值等。① 产业结构合理化旨在加强产业间协调能力与提高产业间关联水平,主要表现为产业素质协调、产业之间相对地位协调、产业之间联系方式协调以及最终达到结构效益最大化四个方面。②

本书所指的产业结构优化包含两方面内涵:

(1)产业结构高度化。产业结构高度化的数量增长,指三大产业在比例份额上从以第一产业为主逐渐向以第二产业为主,并最终向以第三产业为主的"数量型"高度化变迁的过程;产业结构高度化的质量发展,指三大产业内部劳动生产率由低到高的"质量型"提升过程,在一定程度上反映了产业效率的提高和升级。

(2)产业结构合理化。它是对产业内部资源配置效率高低和资源配置是否合理的客观反映,具体表现为三大产业间的相互关联与协调发展。

① 周林,杨云龙,刘伟.用产业政策推进发展与改革——关于设计现阶段我国产业政策的研究报告[J].经济研究,1987(3):16-24.

② 黄寰.论自主创新与区域产业结构优化升级[D].成都:四川大学,2006.

2.2 相关理论

2.2.1 区位理论

区位理论是从空间上研究人类社会经济活动的空间选择问题,进而探讨完全竞争条件下资源的空间配置和经济活动的空间布局问题,空间选择和空间组织是区位论研究的基本内容。根据区位理论发展演进顺序、研究对象和研究方法等方面的差异,可以将区位理论按照发展阶段归纳为三个,即古典区位理论、近代区位理论、现代区位理论。古典区位理论从成本决定视角,基于微观分析资源的空间配置和经济活动的空间布局。近代区位理论是从利润决定视角,基于一定的地域或城市,研究城镇体系和市场组织结构,反映不同城市之间的相互关系以及空间相互作用。现代区位理论从综合决定论视角,基于整体国民经济,政府采用各种经济政策宏观调控区域经济的运行,防止优势区位的累积强化和劣势区位的循环衰退,实现区域的均衡发展。区位理论奠定了区域产业结构理论的基础,对于区域产业结构研究具有重要的理论意义。

2.2.1.1 古典区位理论

德国经济学家杜能(J. H. von Thünen)在《孤立国同农业和国民经济的关系》一书中提出农业区位论,奠定了区位理论的基础。[①] 杜能在假想中的"孤立国"设定六个假定条件,即排除土质条件、土地肥力、河流航运、人力运输等外部因素的干扰,仅探讨距中心城市(市场)的距离不同的单一要素影响下,农业生产方式的配置问题。杜能将农业生产的空间配置原理具体阐述为:在中心城市邻近地区宜种植与农产品价格相比运输费用更高、体积较大且笨重的农作物,以及对运输时效要求高、易腐烂的生鲜农产品;随着距中心城市距离的增加,可以生产与农产品价格相比运费较低的农作物,且种植面积逐渐扩大,最终在中心城市的外围地区形成以某一种农作物为主、呈环状分布的圈层结构,即"杜能环"(Thünen Ring)。

在农业区位理论的基础上,德国学者劳恩哈特(W. Launhardt)探讨在原料供应地、能源供应地以及产品销售地(市场)确定的情况下,如何通过运输成本最

---

① 杜能.孤立国同农业和国民经济的关系[M].吴恒康,译.北京:商务印书馆,1986.

小化来确定厂商实现生产的最优空间布局问题,进而提出极点定理(The Node Theorem)和劳恩哈特区位三角形(Launhardt's Locational Triangle),由此工业区位理论开始出现。[①] 德国学者阿尔弗雷德·韦伯(Alfred Weber)则被公认为工业区位论的集大成者,其理论观点与学说更为学界所熟知和接受。韦伯在《工业区位论》一书中系统阐述了工业生产活动的区位选择原理,试图说明和解释人口与产业在地域空间上向城市集聚的现象。[②] 韦伯提出的工业区位理论基于德国产业革命后工业化迅速推进的宏观环境——以蒸汽机技术的使用和推广为起点,工业化生产与工厂制在德国迅速建立普及。"区位要素"(Locational Factors)是韦伯工业区位理论中的一个重要概念,是指经济活动发生在某个特定的点或若干点上,而不是发生在其他点所获得的优势。[③] 在区位要素分析的基础上,韦伯提出了工业区位选择的三阶段理论。第一阶段仅考虑运输成本,即其他一般性要素不存在地区差异,那么所有的"工业生产过程在一开始就'自然地'被拉往运输成本最有优势的点上"[④];第二阶段加入劳动力成本的考察,在劳动力成本的作用下由第一阶段奠定的基本框架开始"变形",即研究运费与劳动力成本同时作用时的成本最低区位;第三阶段进一步加入集聚与分散要素的考察,引发工业区位格局的第二次"变形"。韦伯的工业区位理论,是以运输成本费用最低为基本点,逐步加入劳动力费用、集聚与分散倾向两个作用力,使它们之间形成竞争与博弈,最终达到成本最优的工业区位布局。韦伯的贡献在于建立起一套较为完善的工业区位理论体系,对现实工业布局具有重要的指导意义,为后续研究提供了工业区位的理论范式与系统方法。

继韦伯之后,瑞典学者帕兰德(Tord Palander)对区位理论做出重要贡献,他的学位论文《区位理论研究》被认为是"德国之外第一本研究区位理论的著作"[⑤]。帕兰德的主要贡献在于明确提出对瓦尔拉斯一般均衡分析方法的批判,认为市场经济活动的前提应是不完全竞争,他遵循"劳恩哈特—韦伯传统",并以价格为变量研究区位空间的均衡。帕兰德的研究主要包括两方面内容:一是工业生产布局研究,即在原材料价格、区位以及市场位置均为既定前提下生产在哪里进行的问

①　梁琦,刘厚俊.空间经济学的渊源与发展[J].江苏社会科学,2002(6):61-66.
②　韦伯.工业区位论[M].李刚剑,陈志人,张英保,译.北京:商务印书馆,2010.
③　韦伯.工业区位论[M].李刚剑,陈志人,张英保,译.北京:商务印书馆,2010:36.
④　韦伯.工业区位论[M].李刚剑,陈志人,张英保,译.北京:商务印书馆,2010:51.
⑤　艾萨德.区位与空间经济——关于产业区位、市场区、土地利用、贸易和城市结构的一般理论[M].杨开忠,沈体雁,方森,等译.北京:北京大学出版社,2011:37.

题;二是市场区域研究,即在给定生产地、竞争条件、生产费用与运费率的条件下价格如何影响厂商产品销售空间范围(市场范围)的问题。帕兰德对区位理论的贡献在于:在工业生产布局研究中,帕兰德在韦伯的理论框架基础上对其加以修正,以不完全竞争为前提、以价格为变量,提出了远距离运费衰减理论;在市场区域研究中,帕兰德对劳恩哈特理论进行传承和拓展,通过分析在同一线性市场上不同地点生产同类产品的两个厂商价格与运费的博弈,确定其各自的市场空间界限。

2.2.1.2　近代区位理论

德国学者克里斯塔勒(Walter Christaller)并不接受不完全竞争的市场假设,在一般均衡分析的框架下提出服务业活动的最佳区位模型,即中心地理论。[①] 克里斯塔勒通过考察现实中社会经济聚落的空间分布发现,不同大小、规模的聚落会形成各自的中心地体系,在平面上即扩展为六边形市场区,为区域内消费者提供就近的便利服务;中心地等级取决于商品和服务的等级,因此不同的中心地拥有不同的市场门槛,低级中心地的消费者有时不得不到高级中心地购物,而高级中心地的消费者没有理由到低级中心地购物。中心地理论可适用于零售业、办公业和城市空间体系的探讨。中心地理论是对杜能农业区位论、劳恩哈特—韦伯工业区位论的有力补充,将传统区位理论体系之外的非生产性经济活动(服务业活动)纳入理论架构之中,从而完善了区位理论在所有产业空间布局的适用性。

在克里斯塔勒的研究基础上,勒施(August Lösch)进一步对区位理论进行整合,将农业区位论、工业区位论的部分均衡拓展到空间一般均衡。勒施首先将瓦尔拉斯一般均衡方法引入空间经济分析之中,认为区位均衡点的决定因素是个体经济追求利润最大化,以及经济整体中独立经济单位数最大化;同时接纳帕兰德的不完全竞争假设,以不完全竞争或垄断竞争为前提,寻找利润最大化的区位均衡点。[②] 勒施继承了克里斯塔勒的中心地思想,认为在区位空间达到均衡时的最佳市场空间为正六边形。在空间内只有一个销售厂商时,其市场形态为圆形;在多个厂商加入市场竞争时,厂商各自的市场空间会缩小,最终形成多个正六边形。与三角形或正方形等其他多边形相比,正六边形市场区域的运输距离更短,更接近圆形特点,此时市场需求和销售利润可达到最大化。勒施的利润最大化区位理

---

① 克里斯塔勒. 德国南部中心地原理[M]. 常正文,王兴忠,等译. 北京:商务印书馆,2010.
② 勒施. 经济空间秩序[M]. 王守礼,译. 北京:商务印书馆,2010.

论将"点"状市场发展成为正六边形的"面"状市场,体现了他对地域空间形态的关注。勒施的正六边形市场均衡在现实中主要适用于商业与住宅区位,因为商业与住宅区位具有明确的销售服务空间等级,主要依托于所在地域空间,而农业和工业的生产往往超越特定的地域空间而拥有更广阔的市场范围。与韦伯以空间自然资源分布非均衡性为前提引入产业区位选择、集聚和扩散问题不同的是,勒施是假定在同质空间上如何通过差异化发展形成集聚,这也是二者在思考角度上的最大不同。勒施的利润最大化区位选择是对韦伯运费最低区位选择理论的一次创新。勒施对区位理论的开创性贡献,在于他所提出的不完全竞争或垄断竞争条件下的空间经济模型,这是经济学家首次用一组初等方程概括一般空间关系。

2.2.1.3　现代区位理论

20 世纪 50 年代以来,西方国家工业化和城市化的迅速发展,改变了以往社会经济结构和生活环境,产生了一系列新的区域经济发展问题。由此,在这一时期的区位理论研究得到进一步拓展,研究对象扩展到区域内的国民经济体系,区位布局的目的是探索区域经济活动的部门结构和空间布局的最优化,区域经济的发展必须与社会、生态环境等相协调,从而逐步形成不同于传统区位理论的空间区位理论和方法,使区位理论研究进入现代研究阶段。

以被称为"区域科学之父"的美国经济学家艾萨德(W. Isard)为代表的新古典区位论的兴起和繁荣标志着现代区位理论的逐渐形成。艾萨德在《区位与空间经济——关于产业区位、市场区、土地利用、贸易和城市结构的一般理论》一书中,在新古典微观区位论的基础上,利用宏观均衡方法对美国各个地区在人口、产出、收入、资本和增长等方面的差异进行了研究,将局部静态均衡的微观区位论动态化、综合化,根据区域经济综合发展要求,把研究重点由部门的区位决策转向区域综合分析,建立区域的总体空间模型,研究了区域总体均衡及各种要素对区域总体均衡的影响。他应用计量经济方法和系统分析方法,将单个部门、单个企业最优规模与最优布局加以扩大,形成企业性综合开发模型,涉及生产、流通、运输、生态、政策等多个方面的内容,他所独创的区域科学在某种程度上也是对宏观区位论分析的一种拓展。一方面使区位研究从单个企业的区位决策发展到对区域总体经济结构及其模型的研究,从抽象的纯理论模型推导发展为建立接近区域实际的、具有应用性的区域模型。另一方面,使区位决策客体扩大到第三产业,其区位决策目标不仅包括生产者利益最大化,而且包括消费者的效用最大化,从内容到形式扩大了古典区位论的分析框架。具体而言,在古典区位论的基础上,在放宽某些假设条件的基础上,推动对区位选择的研究从局部均衡向一般均衡发展,使其更接近现实经济情况。[①]

2.2.1.4　新经济地理学理论

克鲁格曼[②]将空间概念引入迪克希特和斯蒂格利茨[③]的垄断竞争一般均衡分析框架中,提出"核心—边缘"(Core-periphery)模型,开创新经济地理学(New Economic Geography)以来,关于空间的经济研究得以进入主流经济学的视野,并随着藤田等[④]、鲍德温等对理论的进一步完善,新经济地理学终于建立了自己的研究范式,并促进学科的快速发展。新经济地理学所研究的主要内容大体可以分为以下三个方面:经济活动的空间集聚、城市与区域演化、区域增长集聚的动力。

新经济地理学以收益递增作为理论基础,通过区位聚集中的"路径依赖"现象,研究经济活动的空间集聚。克鲁格曼(Krugman)通过建立一个简单的经济模型,来说明工业化"核心"和农业化"外围"现象产生的内在机制,阐明区位理论中的一个主要问题:在什么时候,是什么原因使得制造业在一些区域集中,并伴随着外围区域相对落后。鲍德温和福斯里德(Baldwin 和 Forslid)通过将罗默的内生增长模型引入中心—外围模型,建立了一个将长期增长与产业区位相结合的模型,通过分析得出结论:增长是一个具有较大影响的非稳定性因素,而区域内的知识溢出效应是一个稳定性因素。[⑤]

新经济地理学的城市与区域演化理论一方面关注集聚的空间分布,比如集聚的数量、规模和产业间的空间协同等现象;另一方面抽象化集聚的内部空间结构,将城市抽象为区位空间中的一点。克鲁格曼在杜能的基础上建立了动态多区域模型,将城市定义为被农业腹地包围的制造业的集中地,并且抽象为空间结构均衡的等距离分布的集聚点。随后,藤田昌久和克鲁格曼采用均衡分析的方法提出

①　陈文福. 西方现代区位理论评书[J]. 云南社会科学,2004(2):62-66.

②　Krugman P. Increasing Returns and Economic Geography[J]. Journal of Political Economy, 1991, 99(3):483-499.

③　Dixit A, Stiglitz J. Monopolistic Competition and Optimal Product Diversity[J]. American Economic Review, 1977(67):297-308.

④　Fujita M, Krugman P, Venables A J. The Spatial Economy: Cities, Regions, and International Trade[M]. Cambridge: MIT Press, 1999.

⑤　Baldwin R E, Forslid R. The Core-periphery Model and Endogenous Growth: Stabilising and Destabilising Integration[EB/OL]. [2010-12-18]. http://www.nber.org/papers/w6 899.pdf.

中心城市的存在来自前向和后向联系的作用。他们认为,由于人口的不断增加,导致腹地外部延伸并且远离中心城区,从而形成了众多新的城市。一旦城市的数目变得足够多,由于向心力和离心力的相对力量的存在,城市规模和城市之间的距离往往保持大体固定水平。随着农业、工业运输成本的相对下降,则可能最终形成由大的核心城市组成的大都市群。

克鲁格曼认为产业的"后向关联"和"前向关联"是促进产业集聚和区域专业化发展的两种力量,上游和下游生产商由于运输成本和递增回报的影响集中在单一区位。一方面,产业集聚依赖于在该产业商品上的支出(包括中间投入等商品支出),一个较大规模的产业则恰恰能提供该产业的较大市场,商品生产者则被激励到上游产业区位布局生产;另一方面,由于外部规模经济的存在,具有较大规模产业的地区将为最终商品的生产者提供多种中间投入品,降低该产业的最终商品的成本,激励中间产品的生产者在所控制的最大市场内布局生产,而这却恰恰是下游产业。所以,在特定的地域,"前向关联"和"后向关联"效应可以产生一种专业化过程,使制造业或特定产业集聚到有限的几个地区。[①]

2.2.2 产业演变理论

2.2.2.1 产业结构演变理论

产业结构理论的思想最早可以追溯到英国古典经济学创始人威廉·配第、亚当·斯密和法国重农学派的魁奈。威廉·配第在《政治算术》一书中提到经济增长与结构变化之间存在某种关联和基本方向。[②] 魁奈的《经济表》开创了研究国民经济活动的先河,为产业结构分析打下了基础。[③] 亚当·斯密在《国富论》一书中认为"各个部门、企业和工场手工业内部存在的分工是增加国民财富的重要途径"[④]。

1931 年德国经济学家霍夫曼在《工业化的阶段和类型》中对工业结构的演变进行了深入的研究,霍夫曼通过分析制造业中消费资料工业生产与资本资料工业生产的比例关系,得出了霍夫曼比例:霍夫曼比例=消费资料工业的净产值/资本

---

① 何枭吟. 新经济地理学理论与实证研究综述[J]. 改革与战略,2010,26(12):176 - 178.
② 配第. 政治算术[M]. 马妍,译. 北京:中国社会科学出版社,2010.
③ 魁奈. 魁奈《经济表》及著作选[M]. 晏智杰,译. 北京:华夏出版社,2006.
④ 斯密·国富论[M]. 郭大力,王亚南,译. 上海:上海三联书店,2009.

资料工业的净产值。随着工业品的升级,霍夫曼比例将不断降低,消费资料工业的净产值所占的比重将不断增加。日本经济学家盐谷佑一利用产业关联理论,对霍夫曼工业化经验法则重新论证,其计算结果表明:资本资料工业比重上升、霍夫曼比率下降,在较长的历史时期中是一普遍现象;霍夫曼工业化经验法适用日本工业化初期的重工业化阶段,但不适用于工业化水平较高的国家如美国、瑞典,表明该经验法则并不能完全适用于整个工业化过程。

1950年英国经济学家科林·克拉克在《经济进步的条件》一书中证明了配第的发现。他发现:劳动力的转移有两个阶段:第一阶段,国民收入水平有一定提高时,劳动力最先从第一产业转向第二产业;第二阶段,当人均收入水平再进一步提高时,劳动力转向第三产业。1960年钱纳里通过对不同类型的国家经济统计数据的计算,得到了一组标准值,这组标准值反映的是,制造业各部门的相对比重随人均收入水平的变化而变化。威廉·配第和科林·克拉克采用三次产业分类方法,计算了一个国家的各部门劳动投入和总产出的时间序列数据,提出"配第—克拉克定理",指出随着经济的发展和人均国民收入水平的提高,由于各产业存在收入弹性差异和投资报酬(技术进步)差异,国民收入和就业比重会由第一产业逐步向第二、第三产业倾斜。[①]

美国经济学家库兹涅茨通过对57个国家1958年人均国民生产总值的横截面数据进行分析,验证了配第—克拉克定理[②],得出以下结论:发达国家在进入现代经济增长阶段后,随着经济的发展,第一产业创造的国民收入或国民生产总值占整个国民收入的比重不断下降,而第一产业的劳动力占全部劳动力的比重也在不断下降。第二产业创造的国民收入或国民生产总值占整个国民收入的比重则略有上升,而其拥有的劳动力占全部劳动力的比重却是大体不变或者略有上升,表明在经济增长中工业的贡献越来越大。第三产业创造的国民收入或国民生产总值占整个国民收入的比重略有上升但却不是始终保持上升态势,而雇佣的劳动力占全部劳动力的比重却呈上升趋势,表明了第三产业具有很强的吸纳劳动力的能力。他认为经济增长是一个总量的过程,经济增长带来了人均收入的增加,引起消费者需求结构的变动,直接拉动了生产结构的转换,部门结构的变动是在这个总量增长框架内的一种渐进的、连续的过程;经济总量的高增长率导致了生产结构的高转换率,国内需求结构、对外贸易结构和技术水平是影响结构变动的主

①　于刃刚.配第—克拉克定理评述[J].经济学动态,1996(8):63-65.

②　库兹涅茨.各国的经济增长[M].常勋,等译.北京:商务印书馆,1999.

要因素,滑流效应将使得动态结构趋于稳定和均衡。[①]

钱纳里从经济发展的长期过程中考察了制造业内部各产业部门的地位和作用的变动,建立了"多国模型",提出了标准产业结构,即经济发展的不同阶段所具有的经济结构的标准数值。他认为,经济结构转变同经济增长密切相关,不同收入水平上经济结构状况不同,不同发展阶段的跃进都是通过产业结构转化来推动的。[②]

美国经济学家里昂惕夫在 20 世纪 30 年代就从一般均衡理论出发,利用投入产出表分析了国民经济各部门之间的投入与产出的数量关系,据此推断一个经济部门产出变动对其他部门的影响,并分析了国民经济发展和结构变化的前景。里昂惕夫的研究虽然具有开创性,但是由于这是一种静态分析方法,加之假设的限制,造成了这种方法在使用时具有局限性,具体来说,它往往更适合用于短期分析而非长期分析,它的分析功能也高于预测功能。

2.2.2.2 罗斯托的经济增长理论

罗斯托是最早研究主导产业的学者之一,在《经济增长的阶段》一书中,罗斯托指出,在任何给定时期,国民经济不同部门有着不同的增长率,在一定意义上,正是某些关键部门的迅速增长,才使得整个经济的增长率产生变化。而这些被他称为驱动部门或主导部门的关键部门有三个特点:一是利用科技进步,产生新的生产函数;二是具有很强的带动其他产业部门发展的能力;三是形成持续高速的增长率。在对主导产业部门的带动作用进行研究之后,罗斯托将这种带动作用称为"扩散效应",这种"扩散效应"包括三个方面:第一,后向效应,指主导产业的发展对其上游产业部门起到带动作用;第二,前向效应,指主导产业部门的发展诱发出新的经济活动或产生新的经济部门;第三,旁侧效应,指由于主导产业得到了发展,那么对地区经济结构、基础设施、城镇建设以及人员素质等方面都会产生不同程度的影响。通过这三个方面效应的影响,主导产业才能带动其他产业部门发展,对社会经济结构的变化产生促进作用,为经济的进一步增长创造条件。

---

① 库兹涅茨.现代经济增长:速度、结构与扩展[M].戴睿,易诚,译.北京:北京经济学院出版社,1989.

② 钱纳里,鲁宾逊,赛尔奎因.工业化和经济增长的比较研究[M].吴奇,等译.上海:上海三联书店,1989.

2.2.3 供给侧结构性改革理论

2.2.3.1 国外供给学派理论

古典经济学家亚当·斯密强调劳动和资本等"供给侧"因素在经济发展中发挥着重要的作用,并认为其是提高劳动生产率和保持市场这只"看不见的手"的关键作用,而政府只能发挥"守夜人"的作用。19 世纪初期法国经济学家萨伊提出著名的"萨伊定律",认为供给自动创造出等量的需求,完善了供给经济的思想体系。新供给经济学派理论起源于萨伊定理,认为经济的增长取决于资本和劳动力等要素的供给和有效利用。在 20 世纪 30 年代之前,供给学派一直占据主流地位,各国的经济政策更关注供给侧的生产端。20 世纪 30 年代的经济大萧条时期,出现了产能过剩的局面,供给学派难以解释这种状况,萨伊的思想遭到了凯恩斯的全面批判。凯恩斯主义认为有效需求不足以造成自由竞争市场不能自动实现充分就业,政府必须进行干预,实行扩大需求政策,才能消除失业和经济危机。但 20 世纪 70 年代初的"滞胀"宣告了凯恩斯需求经济政策的失灵,强调供给管理政策的供给学派再次成为各国经济政策的主流理论和思想依据,供给学派再次兴起。

西方供给学派的代表人物有:蒙代尔、拉弗、万尼斯基、吉尔德、肯普、罗伯茨、费尔德斯坦、埃文斯等。他们分为"极端的供给学派"和"温和的供给学派",两个学派对各自政策主张的效果持不同的预期。"极端的供给学派"常被称为"激进的供给学派"或"纯粹的供给学派"。代表人物有拉弗、蒙代尔、万尼斯基、罗伯茨以及吉尔德。拉弗提出了供给学派的思想精髓——"拉弗曲线",并描述了"税收与税率之间的关系"。"拉弗曲线"的提出使供给学派成为西方经济学界的一个主要流派。万尼斯基赞同拉弗提出的"拉弗曲线",反对政府制定高税率。蒙代尔主张通过减税和紧缩货币供应量来抑制通胀。罗伯茨比较系统地论述了供给经济学的理论与实践,并将减税的法案应用于美国里根政府的经济改革中。吉尔德的《财富与贫困》批判了凯恩斯主义因果倒置,认为"为了需求先有供给",该书成为里根政府经济政策的理论根据。"温和的供给学派"的政策主张相对折中,代表人物有费尔德斯坦和埃文斯。美国经济学家费尔德斯坦原是主张政府干预观点的凯恩斯主义者,20 世纪 70 年代转向自由经济主义,成为供给学派的拥护者。他提出了"费尔德斯坦曲线",即"财政赤字水平对资本形成和通胀的影响及其相互关系的理论模型",用供给学派的理论对宏观经济问题进行了全面的解释。

　　自 20 世纪 70 年代,世界主要发达国家为了摆脱经济滞胀,分别采用了一些"新供给经济"政策。1981 年,美国政府以供给学派理论为依据,提出"经济复兴计划",主推减税,同时减少政府干预,缩减政府开支,紧缩货币供给。英国政府强推改革,首先紧缩货币以控制通胀,其次通过加速推进国企私有化、减税、废除物价管制等改革措施促进国企私有化增效,最后减少政府对经济的干预。德国并未采取扩张性政策,而是使资金更多地留在实体经济部门,促使德国的制造业始终保持较高的自主技术创新能力和盈利能力。德国的财政政策也极大地促进了实体经济的发展,如削减税收、增加补贴激励企业研发、调整产业结构等,引导德国经济很快复苏。

2.2.3.2　中国供给侧改革理论

　　最早主张中国应该进行供给侧管理的学者是张五常。张五常[①]指出:"鼓励内供远胜鼓励内需。"中国学者提出"新供给"理论,"新供给"是对中国式"供给学派"的简称。与美国"供给学派"相比,中国的"新供给"思路更为开阔,充分借鉴前人理论成果和国内外实践经验,创新发展经济学理论,并形成了系统化、建设性的思路主张和政策建议。

　　2012 年 11 月,滕泰发表《新供给主义宣言》,提出"淡化总需求管理,从供给侧推动改革"的宏观政策主张。随后,"70 后经济人改革论坛"成立,吸收了滕泰、张茉楠、陈道富等经济学家,讨论新供给主义。同时,贾康成立了"新供给学派研究小组",并发表《中国式新供给经济学》。王一鸣[②]认为"供给侧"改革依托经济增长理论,其核心是通过技术创新而不再依靠劳动和资本的大规模、高强度的投入,来提高全要素生产率。贾康等[③]提出可以通过供给管理来矫正理性预期失灵。滕泰[④]、沈建光[⑤]等学者认为"供给侧"改革是依托制度经济学理论,对教育体制、财税体制、金融体制、国有企业和行政管理体制等进行改革。

　　"供给侧"改革是整合了多种理论而形成的改革路径。学术界对"供给侧"结

---

　　①　张五常.鼓励内供远胜鼓励内需[N].财会信报,2008 - 12 - 22(A11).

　　②　王一鸣.通过供给侧改革重塑发展动力[N].人民日报,2015 - 12 - 28(17)

　　③　贾康,徐林,李万寿,等.中国需要构建和发展以改革为核心的新供给经济学[J].财政研究,2013(1):2 - 15.

　　④　滕泰.加强供给侧改革　开启增长新周期[N].经济参考报,2015 - 11 - 18(1).

　　⑤　沈建光.供给侧改革与需求管理要协调推进[N].第一财经日报,2015 - 11 - 24(A15).

构性改革也有不同的侧重点,主要集中在产业结构、区域结构、要素结构、排放结构、经济增长动力结构和收入分配结构等方面。林毅夫[①]认为"供给侧"改革不能照搬西方理论,应结合我国实际状况,形成自己的"供给侧"改革理论。这种观点是以中国的"供给侧"改革理论要立足于我国国情,具有中国自己的特色为出发点。吴敬琏[②]认为应该从经济长远发展的角度考虑"供给侧"改革。厉以宁[③]将供给侧调整分为三大内容:部门结构调整、区域经济结构调整、技术结构调整。潘建成[④]主张通过鼓励企业创新和结构升级,并降低企业税费负担等方式进行结构改革。李稻葵[⑤]侧重于平衡我国区域经济的发展,提出经济整体上具有发展潜力。

中国的"供给侧结构性改革"理论从马克思主义政治经济学和西方自由主义经济学两个层面进行了研究,强调在充分认知我国经济供给侧主要矛盾的基础上,以马克思主义政治经济学指导供给侧结构性改革,化解广泛存在的供给侧结构性矛盾;同时在对西方自由主义经济学研究层面,从经济增长理论、交易成本理论、制度经济学理论和发展经济学理论等方面为供给侧结构性改革提供借鉴和启示。

2.2.4　产业空间理论

产业空间理论侧重于描述区域产业空间结构的形成及演变特点,从空间组织的角度研究区域产业空间布局及其演变规律,为区域产业空间结构优化提供理论支撑。

2.2.4.1　增长极理论

法国区域经济学家弗朗索瓦·佩鲁在《经济空间:理论的运用》和《略论增长极的概念》等著作中,最早提出"增长极"的概念,提出以"不平等动力学"或"支配关系"为基础的不平衡增长理论,来批判新古典增长理论的平衡增长观点。佩鲁认为,增长并非同时出现在所有地方,它以不同的程度首先出现于一些增长点和增长极上,然后通过不同的渠道向外扩散,并对整个经济产生不同的影响。佩鲁

---

① 林毅夫.供给侧改革不应照搬西方理论[Z]光明网,2015 - 12 - 28.
② 吴敬琏.修正"三驾马车"确立新常态[N].企业家日报,2015 - 12 - 27(W01).
③ 厉以宁.论从供给方面发力[N].北京日报,2015 - 12 - 07(17).
④ 潘建成.经济增长新动力在哪?[N].中国环境报,2015 - 10 - 29(12).
⑤ 李稻葵."十三五"时期需要什么样的供给侧改革[N].人民政协报,2015 - 12 - 08(5).

增长极论指出,在经济增长过程中,由于某些主导部门或有创新能力的企业与行业在一些地区或大城市的聚集,形成一个资本与技术高度集中,具有规模经济效益,自身增长迅速并能对邻近地区产生强大辐射作用的"增长极",通过"增长极"地区的优先增长,然后以不同的渠道向外扩散,带动邻近地区的共同繁荣。布代维尔、弗里德曼、缪尔达尔等在不同程度上丰富和发展了增长极理论。增长极理论的出发点是区域经济发展不平衡的规律,无论是佩鲁的增长极理论,还是缪尔达尔的"循环累积因果理论"、霍希曼的"区际不平衡增长理论"等,其共同核心是,在区域经济发展过程中,经济增长不会出现在所有地方,总是首先在少数区位条件优越的点上不断发展成为经济增长中心。增长极具有极化效应和扩散效应两种作用,具体表现为技术的创新与扩散、产生规模经济效益、资本的集中与输出、形成聚集经济效果。

2.2.4.2 "点—轴"系统理论

"点—轴"系统理论是在增长极理论和中心地理论的基础上发展起来的,是增长极理论与中心地理论的延伸。该理论最初由波兰的萨伦巴和马利士提出,并成为波兰 20 世纪区域发展的主要模式。我国学者陆大道等人在深入研究宏观区域发展战略的基础上,吸取据点开发和轴心开发理论的思想,提出空间结构的"点—轴"组织模式。"点—轴"系统理论是对区域空间结构优化与发展模式优化的理论概括。"点"是指具有较强的创新能力和增长能力,能带动区域经济发展的各类区域增长极;"轴"是指连接各增长极的线状基础设施,包括水路交通干线、动力供应线、水电基础设施供应线及沿线地带,对附近区域有很强的经济吸引力和凝聚力。"点—轴"系统理论模式的主要思路是:第一,在一定的地域空间范围,选择若干比较优势明显的、具有开发潜力的、重要性同等级的发展轴和中心城镇组成多层次结构的点—轴系统,进而带动整个区域的经济发展;第二,在各发展轴上确定重点发展的中心城镇,使之成为增长极,并确定其性质、发展方向和主要功能;第三,确定中心城镇和发展轴的等级体系,重点开发较高级别的中心城市和发展轴,随着区域经济实力增强,开发重点逐步转移扩散到级别较低的地区,最终形成由不同等级的发展轴和中心城镇组成的多层次结构的点—轴系统,进而带动整个区域的经济发展。从"点—轴"系统的形成过程来看,区域经济的成长总是首先集中在少数条件较好的城市或企业的优区位,并呈点状分布,同时在离中心不同距离的位置形成强度不同的新集聚点,这种集聚点就是区域的增长极,即"点—轴"系统中的点。随着经济的发展,工业集聚点逐渐增多,点和点之间,由于生产要素交换的需要,运用交通线路、动力供应线、通讯线等相互连接起来,这就是轴。这种轴线首先主要是为工业点服务的,但轴线一旦形成,对人口、产业也具有吸引力,吸引人口、产业等生产要素向轴线两侧集聚,并产生新的点,点轴贯通就形成"点—轴"系统。

2.2.4.3 核心—边缘理论

核心—边缘理论由弗里德曼于1966年在《区域发展政策》一书中首次提出,1969年他在《极化发展理论》中,又进一步将"核心—边缘"这个具有鲜明特色的空间极化发展思想归纳为一种普遍适用的、主要用于解释区域或城乡间的非均衡发展过程的理论模式。弗里德曼认为,任何空间经济系统都是由不同属性的核心区和边缘区组成的。核心区是指少数创新中心,这里资本集中、技术水平较高、工业发达、人口密集,往往是城市或城市集群区;边缘区是指除核心之外的区域,相对于核心区而言,经济较为落后。核心区与边缘区相互依存,共同构成一个完整的空间系统。同时,弗里德曼还将经济发展的特征与经济发展阶段联系起来,认为在经济发展的四个阶段中,相应的空间组织也表现为四种形式:第一,前工业化阶段。资源要素流动较少,区际经济联系松散,虽已存在若干不同等级的核心区,但区域之间孤立,缺乏联系。第二,工业化起始阶段。边缘区的要素大规模地向核心区运动,核心区的发展进入起飞过程,核心区与边缘区的经济差距拉大。第三,工业化成熟阶段。核心区的要素开始向边缘区扩散,边缘区开始出现次级中心,二者的差距开始缩小。第四,后工业化阶段。资源要素在整个区域内全方位流动,边缘区消失甚至出现区域空间一体化格局,各区域开始了有关联的平衡发展。核心—边缘理论本身是试图解释两个区域如何由彼此孤立、互不联系发展到彼此联系、相互依存的,但该理论阐述了在区域的不同发展阶段区域空间结构的演变规律和核心区、边缘区产业空间组织的变化过程。核心区与边缘区空间结构变化的实质是区域产业空间结构的变化,而始终贯穿于区域产业空间结构变化的是集聚与扩散机制。

2.2.4.4 产业集群理论

波特(M. E. Porter)在《国家竞争优势》中提出产业"集群"的概念,即"在某一特定区域下的一个特别领域,存在着一群相互关联的公司、供应商、关联产业和专门化的制度和协会"。波特认为,在现代全球经济下,投入要素可以从许多不同的地区获取,运输成本的降低也使许多公司再也没有必要把公司设立在原料来源地或者大的市场所在地,而更应该选择有利于公司生产率增长的地域。"集群"的存在,不仅仅降低企业的交易成本、提高效率,更重要的是能够改进激励方式,创造出信息、专业化制度、名声等集体财富。更重要的是,集群能够改善创新的条件,加速生产率的成长,也更有利于新企业形成。产业集群效应主要表现在以下几个方面:由于经济活动在地域上的聚集,便于生产协作、配套和专业化分工,大大提高了劳动生产率;便于利用城市公共设施和各种生产条件,节约了生产辅助成本;强化了社会接触,便于生产经营者交流和获得各种信息;大量节约土地,节省了土地费用支出;大大减少远程运输,缩短流通时间,方便上市,节约了流通成本;便于资金的集中使用,加速资金的融通和拆借,加速资金周转,提高了资金利用效率;可以给劳动力提供较多可选择的就业机会,也可以给城市居民的衣食住行提供多方面的便利条件;便于加强经济社会管理,提高管理效率。

马歇尔的产业区理论对于集群竞争力的分析,主要是从产业区劳动分工和外部规模经济来论述的。马歇尔在其著作《经济学原理》中提出"内部规模经济"和"外部规模经济"两个重要概念。外部规模经济是指在特定区域内,由于某种产业的集聚所引起的区域内企业整体生产成本下降的现象,产业集群正是基于外部规模经济形成的。马歇尔认为,这种外部规模经济往往是因为许多性质相似的企业集中在特定的地区而获得的,他把这种专业化产业集聚的特定地区称为"产业区"。企业集聚在产业区内,可以降低劳动力的搜寻成本和辅助生产成本,通过人与人之间的关系促进知识、信息溢出,知识、信息溢出使产业区内的企业生产效率高于单个分散的企业,同时,协同创新的环境也促进企业集聚的发展。

熊彼特的技术创新理论主要从技术创新和扩散的角度来研究产业集群。熊彼特认为,创新不是孤立的,而是趋于集群,产业集群就是因为技术创新及其扩散而诱发关联性产业部门趋于集群。因为一旦有创新成功,会有众多效仿者,促进创新扩散;另一方面,创新并非均匀分布于整个系统,而是倾向于集中在某些部门及其临近部门。从熊彼特的观点来看,有两点认识极为重要:一是要认识到首次创新的艰难,如果首次创新成功,对后来者在观念上、信息上和行动上都有极大的激励作用;二是要认识到创新是一个学习过程,首次创新的失败教训和成功经验,对后来者都是一个重要的借鉴。有了这两点认识,会诱导后来者蜂拥而至,形成技术创新的集群现象。

    城市集聚经济和产业集群效应对城市产业结构的影响是深刻而显著的,反映在少数产业在城市经济中占有主导地位以及这些产业在区域内的集聚,或者更为直观地说,是这些产业占 GDP 的比重以及这些产业占区域内同行业的比重都较高。都市型产业是"受大都市所诱发,又不受制于大都市要素(如土地、水资源等)制约"的产业,这类产业"在密集型都市中有着明显发展优势",并能"适应都市集聚经济本身发展要求"。[①] 城市在产业集聚的过程中还会产生一种乘数效应。在城市集聚实现过程中,这种乘数效应主要指通过产业联系,一种产业内新的投资对整个经济有推动作用。城市集聚经济集中体现在城市的第一乘数效应(由第二产业投入推动城市第三产业的相应发展)、第二乘数效应(由城市第三产业构成的投资环境吸引新一轮工业项目投入)及其交互作用。这种交互作用强的城市,不仅具有比较利益优势,而且具有经济优势。而城市的成长与集聚过程正是通过乘数效应的推动,使得城市集聚经济得以实现。

---

① 许仁祥.集聚经济与都市产业发展[D].上海:复旦大学,1998.

第 3 章　苏南城市群区域发展格局与经济发展态势

3.1　苏南城市群区域及经济发展概况

3.1.1　苏南城市群区位条件及资源概况

苏南是江苏省南部地区的简称,地处中国东南沿海长江三角洲中心,东靠上海,西连安徽,南接浙江,北依长江(苏中、苏北)、东海。苏南城市群包括南京、苏州、无锡、常州、镇江,总面积 27 872 平方千米,占江苏省土地总面积 27.17%,其中平原面积占苏南土地总面积的 50.45%,山丘面积占 28.4%,水域面积占 21.15%;拥有广袤的太湖平原,水网密集,长江东西横贯境内;常住人口 3 378.09 万人(2019 年)。2019 年 GDP 总量达到了 56 646.49 亿元,人均 GDP 突破 15 万元,接近发达国家水平;城镇化率超过 70%,所有县(市)都进入全国综合实力百强县行列,其中 7 个县(市)进入前十。

苏南地区区内低山、丘陵、平原、江河、湖泊纵横交错,有机组合一体;东部和中部总体上极为低平,为坦荡的太湖平原,太湖周围偶尔分布一些孤丘,如无锡的惠山(329 米)等;西部南京、镇江一带丘陵起伏,包括南京紫金山(448 米)、茅山(372 米)等。

苏南地区位于亚洲大陆东岸中纬度地带,属亚热带湿润季风气候。在太阳辐射、大气环流以及苏南地区特定的地理位置、地貌特征的综合影响下,气候呈现四季分明、季风显著、冬冷夏热、春温多变、秋高气爽、雨热同季、雨量充沛、降水集中、梅雨显著、光热充沛、气象灾害多发等特点。苏南地区降水量在 1 000 mm 以上,与同纬度地区相比,苏南雨水充沛,年际变化小,年降水变率在 12%~24% 之间。夏季 6 月和 7 月间,受东亚季风的影响,苏南地区进入梅雨期,梅雨期降水量常年平均值大部地区在 250 mm 左右,梅雨期内暴雨频发,强降水集中。

苏南五市政府不断建设完善交通基础设施,已经形成了具有铁路、公路、水路以及航空的立体交通网络。截至 2015 年底,苏南五市公路通车里程达 47 997 千米,内河航道里程达 6 677 千米,港口吞吐量共计 12.7 亿吨。在航空方面,苏南五市拥有 3 个大型机场,并且东边还有上海浦东和上海虹桥两大国际机场。这样优越的区位条件为苏南五市产业的发展提供了有利的条件。

3.1.2 苏南城市群城镇发展格局概况

苏南地区目前共有 30 个区、11 个县级市。按照国家发改委 2017 年发布的《长江三角洲城市群发展规划》所确定的长三角城市群城市的规模等级,苏南城市群有特大城市 1 个(南京),Ⅰ型大城市 1 个(苏州),Ⅱ型大城市 2 个(无锡、常州),中等城市 1 个(镇江),小城市若干(如表 3-1 所示)。南京是国家中心城市、苏南城市群西部核心城市,苏州是全球城市上海的副中心城市、苏南城市群东部核心城市,无锡是国家区域中心城市、苏南城市群中心城市,常州是苏南城市群次级核心、苏锡常组团中心城市,镇江是苏南城市群次级核心,宁镇组团中心城市。

表 3-1 苏南城市群主要城市规模

规模等级		划分标准(城区常住人口)	城市
特大城市		500 万~1 000 万人	南京
大城市	Ⅰ型大城市	300 万~500 万人	苏州
	Ⅱ型大城市	100 万~300 万人	无锡、常州
中等城市		50 万~100 万人	镇江
小城市	Ⅰ型大城市	20 万~50 万人	常熟市、昆山市、张家港市、江阴市、丹阳市、太仓市、溧阳市
	Ⅱ型大城市	20 万人以下	句容市

苏南建设用地面积约 7 546.9 平方千米,占国土面积的 26.87%(水面除外,达到 33.1%),土地利用率达到 79.92%。建设用空间扩张疏密不均、局部连绵,沿江、沪宁高速沿线区域呈连片之势,西南部以点状发展为主。建设用地快速扩张挤占了大量生态用地和农业用地,特别是沪宁沿线、沿江地区,农业空间快速缩减,苏州、无锡除水面外的建设用比重超过 40%。南京作为长江三角洲的副核心城市和江苏省省会,其城市发展区位和综合优势明显优于城市群内其他城市。苏州作为上海的副中心城市,社会经济联系更多地与全国或全球更高等级层次的城市相联系。苏南城市群将形成南京和苏州双核引领的城镇发展格局。苏南城

市群主要城市功能定位如表 3-2 所示。

表 3-2　苏南城市群主要城市功能定位

等级	城市	功能定位
一级	南京	国家中心城市、苏南城市群西部核心城市
	苏州	全球城市上海的副中心城市、苏南城市群东部核心城市
二级	无锡	国家区域中心城市、苏南城市群中心城市
三级	常州	苏南城市群次级核心,苏锡常组团中心城市
	镇江	苏南城市群次级核心,宁镇组团中心城市

3.1.3　苏南城市群产业空间布局概况

苏南目前拥有国家级开发区 27 个,省级开发区 40 个,分别占全省的 75% 和 42.4%,其中高新技术和先进制造业主要分布在沪宁沿线、基础工业主要分布在沿江。现代服务业主要分布在城市及周边地区,其中,研发和软件等科技型服务业主要分布在城区和开发区,物流服务业分布在港口、空港以及高速互通等枢纽地区,创意产业分布在古城古镇和开发区,专业市场分布在相关产业集中地区。

宁镇城市群发展呈现中心城市极化发展,城市首位度高,目前已形成以石油加工及炼焦业、化学原料及化学制品制造业、交通运输及设备制造、电子及通信设备制造以及医药业等为主的产业集群。宁镇城市群具备良好的历史文化、科教人才资源和沿江港口优势,通过宁镇一体化建设,促进苏中、皖南城市发展,将宁镇城市群打造成现代服务业与先进制造业基地、科技创新中心和长江航运物流中心,使之成为长三角辐射带动中西部地区发展的重要门户区。苏锡常地区历来乡镇企业发达,以昆山、江阴为代表的乡镇企业发展模式享誉全国,具有较好的小城镇发展基础,且地理位置上紧邻上海。该城市群可利用上海的信息、技术、人才资源,依托上海的辐射带动,发挥自身的历史文化资源、区位和产业优势,以外资推动发展,形成城镇、外资、产业密集,县域经济发达,城镇发展相对均衡的格局,建设成国际先进制造业基地、现代服务业基地和创新型区域。①

2017 年,江苏省出台了《省政府办公厅关于推进中国制造 2025 苏南城市群

---

① 王晓红.苏南现代化建设示范区城市群空间格局与优化路径[J].中国名城,2014(9):4-8.

试点示范建设的实施意见》文件,提出重点发展集成电路及专用设备、软件及信息服务、云计算大数据和物联网、智能制造装备、先进轨道交通装备、航空航天、节能环保、新能源、智能电网、新能源汽车、新材料、生物医药和医疗器械等特色产业。南京市牵头建设软件及信息服务、智能制造装备、智能电网产业集群,无锡市牵头建设集成电路专用设备、云计算大数据和物联网、节能环保、新能源(风电)产业集群,常州市牵头建设智能制造装备(先进轨道交通装备)、新能源(光伏)、新材料(石墨烯及应用)产业集群,苏州市牵头建设新能源汽车、新材料(纳米材料)、生物医药和医疗器械产业集群,镇江市牵头重点建设航空航天、新材料(碳纤维)产业集群。

3.1.4 苏南城市群生态空间格局概况

苏南地区自古以来就是名闻天下的"鱼米之乡""人间天堂",也是中国近代民族工业和吴文化的重要发祥地。截至 2012 年末,苏南地区拥有世界文化遗产(包括非物质)11 项,国家级非物质文化遗产名录(扩展)项目共 53 项;旅游资源丰富,旅游业发达,有 17 个中国优秀旅游城市、14 个国家 5A 级景区。苏南地区已建成中国最大的"环保模范城市群"和"生态城市群",拥有国家园林城市 13 个、国家环保模范城市 14 个、国家生态市(县、区)17 个、国家级生态乡镇 176 个、生态村 32 个、生态工业示范园区 7 个,是全国园林城市、环保模范城市和生态城市最密集的区域。苏南城市群的重要生态功能区主要分布在宁镇、茅山、宜溧山区,长江及望虞河等清水通道地区,以及太湖、滆湖、长荡湖、阳澄湖、固城湖、石臼湖及周边地区。基本农田主要分布在宜溧金高地区和沿江环湖部分地区。土地资源的日益紧缺、水资源的空间分布不平衡,生态承载力透支造成生态环境的持续恶化,已经成为苏南城市群经济社会和城市群空间发展的最重要制约因素之一。

2013 年 5 月,国家发改委正式发布了《苏南现代化建设示范区规划》,这标志着苏南地区在全国率先实现区域现代化,成为全国现代化建设示范区。

3.2　苏南城市群经济发展优势与作用地位

表 3-3　2017 年苏南城市群与江苏省区域经济发展对比

	苏南城市群	江苏省	苏南城市群占江苏省的比重
GDP(亿元)	50 175.2	87 988.07	57.03%
人均 GDP(元)	150 200	107 395	139.86%
总人口(万人)	3 347.52	8 029.3	41.69%
城镇人口(万人)	2 557.07	5 520.95	46.32%
从业人数(万人)	2 013.7	4 757.8	42.32%
土地面积(平方千米)	28 085	105 877	26.53%
规模以上工业利润总额(亿元)	5 099.00	10 014.97	50.91%
全社会固定资产投资(亿元)	23 548.52	53 000.21	44.43%
社会消费品零售总额(亿元)	18 315.59	31 737.41	57.71%
一般公共预算收入(亿元)	4 913.16	7 667.15	64.08%
进出口(亿美元)	5 003.22	5 911.39	84.64%
利用外资(亿美元)	153.90	251.36	61.23%

数据来源:根据 2019《江苏统计年鉴》整理得出。

从表 3-3 可以看出:

第一,苏南城市群在江苏经济发展中有显著优势。2017 年,苏南城市群土地面积和总人口分别占江苏省土地面积和总人口的 26.53% 和 41.69%,但苏南城市群 GDP 却达到 50 175.2 亿元,占江苏省 GDP 的 57.03%,人均 GDP 为 150 200 元,比江苏省人均 GDP 多 42 805 元;苏南城市群规模以上工业利润总额为 5 099.00 亿元,占江苏省规模以上工业利润总额的 50.91%;苏南城市群社会消费品零售总额为 18 315.59 亿元,占江苏省社会消费品零售总额的 57.71%;苏南城市群一般公共预算收入为 4 913.16 亿元,占江苏省一般公共预算收入的 64.08%;苏南城市群进出口总额为 5 003.22 亿美元,占江苏省一般公共预算收入的 84.64%;苏南城市群实际利用外资为 153.90 亿美元,占江苏实际利用外资额的 61.23%。

第二,苏南城市群人口集聚程度高。苏南城市群是江苏人口集中的区域,2017 年群内总人口为 3 347.52 万人,占江苏省人口总量的 41.69%,而其土地面积仅占江苏地区的 26.53%,人口密度大;群内城镇人口为 2 557.07 万人,占江苏城镇人口的 46.32%;群内从业人口为 2 013.7 万人,占江苏从业人口的 42.32%。

第三,苏南城市群教育资源丰富。集聚的人口催发了苏南城市群的教育优势,除了义务基础教育规模和质量在江苏地区领先外,高等教育也处于先发位置。常州市有普通高等学校 10 所,普通本专科在校学生 12.5 万人;中等职业学校(含技工学校)19 所,在校学生 6.1 万人。镇江市有普通高校 8 所,本专科招生 2.45 万人,在校学生 8.38 万人,毕业生 1.98 万人;研究生教育招生 4 314 人,在校生 12 093 人,毕业生 2 835 人。无锡市共有普通高校 12 所,普通高等教育本专科招生 3.40 万人,在校生 10.60 万人,毕业生 3.20 万人;研究生教育招生 0.27 万人,在校生 0.78 万人,毕业生 0.23 万人;全市中等职业教育在校生达 6.66 万人(含技校)。苏州市有普通高等院校 26 所,普通高等学校在校学生 23.56 万人,毕业生 5.78 万人,高等教育毛入学率 69.1%。南京市有普通高等学校 53 所(不含部队院校),在校学生(不含研究生)72.16 万人,高校及研究生培养机构在学研究生 13 万人,中等职业学校(含成人中专,不包括技工学校)22 所,在校学生 6.28 万人。

第四,苏南城市群科技创新能力强。南京全社会研究与试验发展(R&D)经费投入占 GDP 比重达到 3.07%;集中签约新型研发机构 208 个,孵化引进企业 951 家。高新技术企业净增 1 282 家,总数达 3 126 家。新增境内外上市企业 7 家,累计达到 109 家;新增科技部门备案众创空间 64 家,累计达到 282 家,其中国家级备案 53 家;新增市级以上工程技术研究中心 128 家,累计达到 1 047 家;拥有省市科技公共服务平台 130 家,国家和省重点实验室 88 家,其中国家 31 家。全年共有 33 项成果获得国家科学技术奖励,其中获得国家自然科学奖 5 项,国家技术发明奖 6 项,国家科技进步奖一等奖 3 项、二等奖 19 项;全年共签订各类输出技术合同 26 035 项,技术合同成交额 403.81 亿元;全年完成专利申请量 99 070 件,其中发明专利申请量 40 652 件,专利授权量 44 089 件,其中发明专利授权量 11 090 件,全年 PCT 专利 926 件,万人发明专利拥有量 59.71 件。苏州全市财政性科技投入 152 亿元,占一般公共预算支出的 7.8%;张家港、常熟、昆山入围国家首批创新型县(市)建设名单;高新技术产业产值占规模以上工业总产值的比重达到 47.7%,全市新增高新技术企业 952 家,累计达 5 416 家;新增省级以上工程技术研究中心 73 家,累计达 733 家;新增省级以上企业技术中心 86 家,累计达 505 家;新增省级以上工程中心(实验室)11 家,累计达 90 家;省级以上公共技术服务平台 60 家,其中国家级 15 家;与中科院、南京大学、牛津大学等一批国内外大院大所合作共建的重大创新载体,全市省级以上科技孵化器 112 家,孵化面积 458.1 万平方米;共有国家级众创空间 52 家,省级众创空间 190 家,各类众创空间共孵育创新团队 4 000 余个;全市各类人才总量 274.2 万人,其中高层次人才 24.54 万人;万人有效发明专利拥有量达 53 件。无锡共有国家级工程技术研究中心 6 家,省级以上重点实验室 9 家,省级以上企业重点实验室 6 家,国家级国际合作基地 8 家,省级国际技术转移中心 11 家;全市高新技术产业产值占规模以上工业总产值比重达到 43.23%,高新技术产业产值同比增长 12.3%;万人有效发明专利拥有量达 38 件。常州市全年完成专利申请 41 858 件,其中发明专利 13 648 件,专利授权 23 334 件,其中发明专利授权 2 759 件,万人发明专利拥有量 32.8 件;全年新增高新技术企业 280 家,累计 1 444 家,高新技术产业产值占规模以上工业总产值比重达到 47.3%;全市获评国家科学技术进步二等奖项目 3 个,全年争取省级以上科技项目 329 项,天合光能和上上电缆获第五届中国工业大奖、武进不锈获提名奖;全市企业研发机构累计达 1 658 家,其中省级以上 768 家,新增孵化器 20 家,累计 155 家,新增 11 家省级工业设计中心,工业互联网四星以上上云企业 13 家;安泰创明新能源材料研究院等 5 个载体平台被列为新增省市共建重大项目;59 家创新载体列入苏南自创区优秀创新载体,其中光伏智慧能源、机器人及智能装备等 4 家基地被认定为科技成果产业化基地,中简科技、爱尔威 2 家企业被认定为潜在独角兽企业,53 家企业被认定为瞪羚企业。镇江全市每万劳动力中研发人员数 162 人;全市专利申请量 29 635 件,其中发明申请量 12 466 件,专利授权量 15 348 件,其中发明专利授权 2 790 件,万人发明专利拥有量达 37.56 件;全市技术交易市场网络平台投入运营,新增国家级高新技术企业 120 家,2 家企业入选"独角兽"企业榜,新增省级"科技小巨人"企业 6 家、上市挂牌企业 117 家,1 家企业获得中国专利金奖,4 家企业获得国家科学技术进步二等奖,京口区获评"国家知识产权强县工程示范区";新增省级企业技术中心 9 家、省级企业工程技术研究中心 10 家、省级众创社区 4 家和省级孵化器 5 家,拥有国家高新技术企业数 750 家。综上,人口、教育和科技创新优势成为苏南城市群产业结构优化升级的重要动力基础。

3.3 苏南城市群经济发展历程及产业结构演变

2017年,苏南五市(苏州、南京、无锡、常州、镇江)实现地区生产总值5.03万亿元,占当年江苏省地区生产总值的58.5%;全国中小城市综合实力百强县市排行榜前10名中,苏南所辖县市占据6席。取得辉煌发展成绩的背后是苏南地区40年来不断探索、自我革新的风雨历程。

3.3.1 改革开放以来苏南城市群经济发展历程

第一阶段:起步阶段,20世纪70年代末至80年代中期

在这一阶段,苏南地区的发展重点在农村,苏南乡镇工业崛起壮大。以家庭联产承包责任制为内容的农村改革使农业发展水平处于全国前列的苏南地区农业劳动力剩余问题更为突出。当时苏南地区的实际情况是人多地少、人民收入低下,如何将农村巨大的剩余劳动力转化成生产力,是当时苏南面临的重要问题。为解决该问题,苏南地区以集体形式兴办农村工业,发展乡镇企业。乡镇工业脱胎于20世纪六七十年代的社队工业(1984年国家取消人民公社,社队企业改名乡镇企业),苏南农村集体所有的乡镇企业充分抓住了短缺经济下的市场机遇,利用毗邻上海的区位优势,积极引进上海的技术,获得了快速发展。1983年春节前夕,邓小平同志到苏州视察,苏州农村的可喜变化,引发了邓小平同志用更加宽广的眼界思考中国的发展道路和战略目标,提出了我国"小康社会"的建设构想。他还基于苏州经验欣然宣布:"这样发展下去,到本世纪末翻两番的目标一定能够实现。我们的信心增加了。"1983年底,费孝通在对苏南地区(苏州、无锡、常州)进行深入调查研究的基础上,在《小城镇·再探索》一文中提出了"苏南模式"这个词,并将其解释为"以发展工业为主,集体经济为主,参与市场调节为主,由县、乡政府直接领导为主的农村经济发展道路"。1983年的中央1号文件和1984年的中央1号、4号文件,均提出要大规模发展农村商品经济。于是,苏南乡镇企业乘改革开放之风,异军突起。苏南地区的农村快速实现了工业化,集体经济由此成为苏南经济的支柱,带动苏南GDP由百亿规模增长到千亿规模。乡镇工业的崛起为当时苏南地区的发展注入了强劲的动力。在80年代中期以前的时间里,苏南农村的经济发展在全国一直处于领先的地位,1976—1986年的11年间,苏锡

常三市农村农副工总产值增长了 8 倍以上,乡镇工业总产值更猛增了 17 倍。1978—1986 年,苏锡常三市乡镇工业总产值由 25.93 亿元增长为 270.26 亿元,增长了 9.42 倍,年递增率达 34%,其中苏州、无锡、常州三市分别递增 35%、33%、31%,创造了领先全国而又久盛不衰的"苏南速度"。同时也使这一地区成为全国乡镇工业最发达、经济实力最强的地区之一。[①] 苏南农民在乡镇企业的发展过程中,实现了"离土不离乡,进厂不进城"的非农转移。

第二阶段:外向型经济发展阶段,20 世纪 80 年代后期至 90 年代中后期

这一阶段以外向型经济的发展为标志。20 世纪 80 年代中后期,中央实施沿海开发战略,苏南大力发展"三外"(外资、外贸与外经)。发展外向型经济,乡镇企业首当其冲。与此同时,80 年代中期苏南开始建设外向型经济的发展载体,拉开外向型经济的基本格局。20 世纪 90 年代初中央决定开发开放浦东,苏南抓住机遇与浦东开发开放接轨,全面引进外资。在这个过程中,苏南率先打开国际市场的乡镇企业成为与外商建立合作合资的主力军。地方政府积极招商引资,出台了吸引外资的优越政策,营造了良好的法制和市场环境。更具特色的是建立以多个国家级开发区为领头的各种类型的开发区,以此作为引进外资发展开放型经济的平台和载体。作为县级市的昆山自费创办开发区,南京、苏州、无锡、常州先后建立国家级高新技术开发区。苏州与新加坡合作建立工业园区,张家港建成国家级保税区。这样,苏南迅速成为我国外商投资企业和台资企业最为密集的区域。世界 500 强企业中有近 400 家落户在苏南,在苏州就有近 200 家。一个昆山市吸引的台资已占全国总额的 12% 以上,近 60 亿美元,相当于整个上海台资的总和。[②] 1986—1999 年,苏南地区外贸依存度从 0.06% 提高到 29.4%,外资依存度从 0.92% 提高到 12.2%。90 年代中后期,乡镇工业因宏观经济变化及自身存在的弊端逐步走下坡路,1995 年后,乡镇工业开始进行产权制度改革,集体股权逐渐从乡镇企业退出。乡镇企业的资产结构中,集体资产的比重已下降到 40% 以下(主要是土地等不动产),社区政府基本退出了对企业的实际控制权,经营者获得了大部分的企业所有权。此后,民营企业、外资企业迅猛发展,同国有企业一道共同推进苏南经济发展。

① 浦文昌.对"苏南模式"的比较分析[J].中国农村经济,1993(1):43-46.
② 洪银兴,陈宝敏.苏南模式的演进和发展中国特色社会主义的成功实践[J].经济学动态,2009(4):22-25.

第三阶段:深入嵌入国际产业链阶段,20世纪90年代后期至21世纪00年代中后期

本阶段以打造现代化国际制造基地为标志。20世纪90年代初期,苏南地区充分利用外部资源和外部市场,实施外部带动战略。通过开发区引进外资,利用国外的技术和资本,奠定了苏南开放型经济的基本格局。21世纪初,发达国家主导的国际产业开始重新布局,苏南顺应大势,以其优越的区位条件、投资环境以及低成本的劳动力、土地资源等优势,主动承接国际产业的整体转移,坚持"以高新技术为主导,以工业园区为载体,努力打造现代化国际制造基地",成为众多跨国公司产业转移目的地的首选,从而迅速提高了经济国际化水平。统计数据显示,苏南外贸依存度高于全国平均数10个百分点,外资依存度高出全国平均数2倍多。苏南地区以国家级开发区为依托,以外贸引外资、靠外资促外贸、外贸与外资带外经,"引进来"与"走出去"并举,双向开放融入世界市场,全面介入经济全球化进程,全方位对外开放。到2002年末,苏南五市共有三资企业22 063家,外商直接投资91.2亿美元。2003年,苏南地区生产总值占江苏的61.2%,占长三角地区的34.3%;人均生产总值是全省的2.10倍、长三角的1.17倍。外向型经济优势突出,出口额占全省的88.7%、长三角的37.8%,外商直接投资占全省的84.6%、长三角的52.3%。从经济规模看,2003年,苏州、无锡、南京3市地区生产总值均超过了1 000亿元,分别占全省地区总额的22.5%、15.3%和12.7%。以苏州为例,苏州是典型的引进发展型,通过建立工业园区,以强势政府和有效政府为基础,以招商引资为手段,以土地换资金,以空间求发展。以苏州工业园区、苏州新区、昆山经济开发区、吴江开发区为代表的园区经济,构成了苏州经济的新亮点。外"长"内"短"是苏州经济的特点,强大的外向型经济一方面客观需要大量的配套企业,另一方面为民企带来了先进的技术、管理经验,同时搭建起一个国际化运作平台和竞争环境。2005年,外资新签合同数中,外商直接投资2 181个,是1998年的4.2倍;实际利用外资金额中,外商直接投资为511 607万美元,是1998年的1.67倍。[①] 此阶段中,苏南进入了工业化、城市化、市场化、国际化、信息化互动并进的城乡一体化时期。

第四阶段:高质量发展阶段,21世纪10年代至今

本阶段以转型升级和高质量发展为标志。2008年金融危机后,世界经济持

---

① 龚秀萍,孙海清."苏南模式"的产生背景及其对中国的启示[J].经济研究导刊,2009(36):50-51.

续低迷,近几年世界经济逐渐复苏,但"逆全球化"和贸易保护主义抬头,这些对苏南经济发展造成一定影响,苏南地区依靠资源要素低成本的"比较优势"获得快速发展的方式难以为继。为突破发展瓶颈,苏南各地政府将创新驱动作为拉动发展的强大引擎,加快改造传统产业,推动产业结构向中高端迈进,推动高新园区更高质量发展。党的十八大以来,习近平总书记先后三次对江苏工作做出重要指示,从三项重点任务到推动"五个迈上新台阶"的要求、建设"强富美高"新江苏,再到坚守实体经济、推动创新发展、深化国有企业改革、实施乡村振兴战略、建设生态文明、加强基层党组织建设等方面,赋予了江苏高质量发展走在前列的时代使命。苏南各地牢记习近平总书记的谆谆嘱托和殷切希望,勇做爬坡过坎的探路者。苏南各地以"一带一路"、长江经济带、长三角一体化等国家战略为契机,大力实施供给侧结构性改革,实施以科技创新为核心和支撑的发展模式,全力打造现代产业发展新高地,加快推动经济发展的质量变革、效率变革、动力变革,建设以战略性新兴产业为先导、先进制造业为主体、现代服务业为支撑的现代产业体系和以企业为主体、市场为导向、产学研深度融合为支撑的产业科技创新体系,步入了经济高质量发展走在全国前列的新进程。2014 年,作为国家首个以城市群为基本单位的苏南国家自主创新示范区正式成立,作为全国创新的"试验田",苏南自创区全年全社会研发投入占 GDP 比重达 2.86%,高新技术产业产值同比增长 10.8%,占全省的 64.09%,每万人发明专利拥有量超过 40 件,科技进步贡献率达 64%,主要科技指标达到世界创新型国家和地区的先进水平,涌现出一大批从事制造业、软件和信息技术服务业等领域的独角兽企业和瞪羚企业,为江苏建设具有全球影响力的产业科技创新中心和创新型省份提供了有力支撑。2016 年,苏南城市群被批准成为"中国制造 2025"试点示范城市群。2018 年,苏州、南京、无锡三市的地区生产总值均超万亿元,苏南五市以全国 0.3% 的土地、2.4% 的人口,创造了全国近 6% 的经济总量,为全省乃至全国经济总量的增长做出了重要贡献。

3.3.2　苏南城市群产业结构演变

3.3.2.1　苏南城市群三次产业结构状态

本书采用费希尔三次产业分析方法,把产业结构从宏观层面分成第一产业、第二产业、第三产业,对苏南城市群的产业结构进行分析。依据 2001 年和 2018 年《中国统计年鉴》《江苏统计年鉴》的相关数据,通过计算得到 2000 年和 2017 年苏南城市群各城市的三次产业各自产值占三次产业生产总值的比重,然后与相应全国的平均数据进行对比,分别得出 2000 年和 2017 年苏南城市群各城市三次产业结构的产值占比及与全国平均占比的比较(表 3-4)。

表 3-4　苏南城市群区域各城市三次产业产值占比及与全国平均占比的比较

地区	第一产业		第二产业		第三产业	
	2000	2017	2000	2017	2000	2017
南京	5.4%	2.2%	48.4%	38%	46.2%	59.7%
镇江	7.1%	3.6%	55.4%	49.3%	37.5%	47.1%
常州	7.5%	2.4%	56.1%	46.8%	36.4%	50.8%
无锡	4%	1.3%	56.9%	47.2%	39.1%	51.5%
苏州	5.9%	1.3%	56.5%	47.6%	37.6%	51.2%
苏南	5.6%	1.8%	54.7%	45.3%	39.7%	52.9%
江苏	12.2%	4.7%	51.9%	45.0%	35.9%	50.3%
全国	14.7%	7.5%	45.5%	39.9%	39.8%	52.7%
上海	1.6%	0.3%	46.4%	30.5%	52%	69.2%
北京	2.5%	0.4%	32.4%	18.6%	65.1%	81%

从表 3-4 可以看出:

第一,苏南城市群产业结构逐步优化,第三产业占比高于全国和江苏省平均水平。从 2000 年到 2017 年,苏南城市群第一产业占比由 5.6% 下降至 1.8%,减少了 3.8%;第二产业占比由 54.7% 下降至 45.3%,减少了 9.4%;第三产业占比由 39.7% 上升至 52.9%,增加了 13.2%。与全国和江苏省 2017 年相比,苏南城市群第一产业占比远低于江苏省和全国水平,第二产业占比高于全国和江苏省水平,第三产业占比高于江苏省 2.6%、高于全国 0.2%。从增速看,在研究期限内,苏南城市群第三产业占比增加了 13.2%,高于全国第三产业增速水平(12.9%),低于江苏省第三产业占比增速水平(14.4%);苏南城市群第二产业占比减少了 9.4%,下降幅度高于全国平均水平(5.6%)和江苏省平均水平(6.9%)。

第二,苏南城市群内部产业结构演化程度参差不齐。在研究期限内,南京市第一产业占比由 5.4% 降至 2.2%,下降了 3.2%,下降幅度低于苏南城市群平均水平(3.8%);第二产业占比由 48.4% 下降至 38%,下降了 10.4%,下降幅度略高于苏南城市群平均水平(9.4%);第三产业占比由 46.2% 上升至 59.7%,上升了

13.7%,上升幅度略高于苏南城市群平均水平(13.2%)。镇江市第一产业占比由7.1%降至3.6%,下降了3.5%,下降幅度略低于苏南城市群平均水平(3.8%);第二产业占比由55.4%下降至49.3%,下降了6.1%,下降幅度低于苏南城市群平均水平(9.4%);第三产业占比由37.5%上升至47.1%,上升了9.6%,上升幅度低于苏南城市群平均水平(13.2%)。常州市第一产业占比7.5%降至2.4%,下降了5.1%,下降幅度高于苏南城市群平均水平(3.8%);第二产业占比由56.1%下降至46.8%,下降了9.3%,下降幅度略低于苏南城市群平均水平(9.4%);第三产业占比由36.4%上升至50.8%,上升了14.4%,上升幅度略高于苏南城市群平均水平(13.2%)。无锡市第一产业占比由4%降至1.3%,下降了2.7%,下降幅度低于苏南城市群平均水平(3.8%);第二产业占比由56.9%下降至47.2%,下降了9.7%,下降幅度略高于苏南城市群平均水平(9.4%);第三产业占比由39.1%上升至51.5%,上升了12.4%,上升幅度略低于苏南城市群平均水平(13.2%)。苏州市第一产业占比由5.9%降至1.3%,下降幅度高于苏南城市群平均水平(3.8%);第二产业占比由56.5%下降至47.6%,下降了8.9%,下降幅度略低于苏南城市群平均水平(9.4%);第三产业占比由37.6%上升至51.2%,上升了13.6%,上升幅度略高于苏南城市群平均水平(13.2%)。

第三,苏南城市群内部各城市第三产业发展程度不均。2017 年,苏南各城市第三产业占比高于 50% 的城市有南京(59.7%)、常州(50.8%)、无锡(51.5%)、苏州(51.2%),而镇江第三产业占比为 47.1%,低于 50%。与同期苏南城市群第三产业占比平均水平(52.9%)相比,只有南京市高于苏南城市群平均水平。与同期江苏省第三产业占比平均水平(50.3%)相比,南京、无锡、常州、苏州具有比较优势。与同期全国第三产业占比平均水平(52.7%)相比,只有南京具有比较优势。

第四,与北京、上海等发达城市相比,苏南各城市仍有提升空间。第三产业相应比重超过第二产业相应比重是产业发展的趋势。对于苏南城市群区域来说,第二产业有很大的先发优势,第三产业生产性、生活性服务业都在加快发展,应通过产业结构优化升级与第二产业协调发展。南京、苏州作为苏南城市群的核心,2017 年其第三产业占比与北京(81%)和上海(69.2%)仍有较大差距。

3.3.2.2 苏南城市群三次产业结构的效率

从宏观上分析产业效率可以通过产业产值增加值的贡献率分析来完成。一个地区的经济总量增长是三次产业经济总量增长的加权之和,经济增长速度取决于各次产业增长速度和所占权数的大小。以 Y 表示 GDP,X 表示某次产业的增加值,下标数字分别表示一、二、三次产业,经济总量增长的三次产业贡献的关系式可以表示为式 3.1:

$$\frac{\Delta Y}{Y} = \frac{\Delta X_1 + \Delta X_2 + \Delta X_3}{X_1 + X_2 + X_3}$$

$$= \frac{X_1}{X_1 + X_2 + X_3} \cdot \frac{\Delta X_1}{X_1} + \frac{X_2}{X_1 + X_2 + X_3} \cdot \frac{\Delta X_2}{X_2} + \frac{X_3}{X_1 + X_2 + X_3} \cdot \frac{\Delta X_3}{X_3} \quad (3.1)$$

公式 3.1 中,$\frac{\Delta X_i}{X_i}$ 为第 i 产业的经济增长率,它主要由第 i 产业的劳动生产率、技术水平、创新程度等因素决定,表现为该次产业的自身发展能力;$\frac{X_i}{X_1 + X_2 + X_3}$ 为第 i 产业占 GDP 的比重,表明该次产业的权重地位对 GDP 产出的影响。依据 2007—2018 年历年《江苏统计年鉴》的相关数据,根据公式 3.1 计算得到 2006—2017 年苏南城市群三次产业增加值贡献率,见表 3-5。

表 3-5 2006—2017 苏南城市群三次产业增加值贡献率

年份	第一产业	第二产业	第三产业
2006	1.7%	56.1%	42.2%
2007	1.8%	51.1%	47.1%
2008	2.4%	49%	48.6%
2009	1.9%	44.8%	53.3%
2010	1.3%	46.6%	52.1%
2011	2.1%	46.6%	51.3%
2012	2.2%	41%	56.8%
2013	0.03%	31.01%	68.96%
2014	2.1%	20.7%	77.2%
2015	1.9%	29.1%	69%
2016	1.1%	27.2%	71.7%
2017	0.4%	45.3%	54.3%

数据来源:根据《江苏统计年鉴》数据计算得出。

从表 3-5 可以看出,2006—2017 年苏南城市群的三次产业的产值增加值的贡献率呈现出以下几个特点:

(1)第一产业的产值增加值贡献率基本呈递减趋势。在研究期限内,苏南城市群的第一产业产值增加值贡献率由 2006 年的 1.7% 递减到 2017 年的 0.4%,这与全国和江苏省的趋势基本一致。但是,苏南城市群的第一产业的产值增加值贡献率在研究期限内波动较大,2008 年贡献率最高,达 2.4%,2013 年贡献率最低,低至 0.03%。这说明其第一产业发展很不稳定,既受农业内部结构变化的影响,更受区域内第二、三产业增长速度的影响,特别是国家不同宏观经济政策和区内第二产业、第三产业增长绩效的变化,都明显地影响到区内第一产业的产值增加值贡献率发生波动。例如,2008 年全球金融危机,国内外市场疲弱,苏南城市群的第二产业的产值增加值贡献率下降到 49%,使得第一产业的产值增加值贡献率提高到 2.4%。

(2)第二产业产值增加值贡献率呈先下降后上升趋势。在研究期限内,苏南城市群第二产业增加值贡献率由 2006 年的 56.1% 下降至 2014 年的 20.7%,随后 2017 年又上升至 45.3%。可以理解为这是苏南城市群产业结构调整和新型工业化进程的产业结构效率提升的结果。过去,苏南的制造业是建立在庞大的劳动力供给与低廉的工资成本的基础上的。近些年,苏南制造业已表现出产能过剩的现象,这是苏南制造业结构失调造成的,苏南制造业结构亟待优化。苏南城市群制造业结构优化要淘汰落后低效的产业,实施智能化改造,向高新技术产业、节能环保型、创新型产业转型升级,在强化基础零部件、先进基础工业、关键基础材料、产业技术基础等基础性建设的基础上,利用先进的核心科学技术重点发展虚拟现实技术、人工智能、健康服务业、3D 打印、石墨烯产业、先进储能电池产业、纳米生物学和纳米药物学科技、干细胞与再生医学等具有前瞻性的高端产业。

(3)第三产业产值增加值贡献率在总体上持上升趋势。在研究期限内,苏南城市群区域第三产业产值增加值贡献率由 2006 年的 42.2% 上升至 2014 年的 77.2%,随后又调整至 2017 年的 54.3%。例如城市群区域内南京、苏州等核心城市都在大力发展金融业。南京市 2017 年金融业实现增加值 1 355.05 亿元,比上年增长 7.5%,占全市地区生产总值比重为 11.6%。苏州市 2017 年全年金融机构总数 838 家,金融总资产 5 万亿元;年末全市保险机构共 82 家,各类分支机构 933 家,全年保费收入 648 亿元,比上年增长 23.4%;保险赔款和给付支出 163.55 亿元,比上年增长 4.6%;保险深度、保险密度分别达到 3.7% 和 5 900 元/人。

3.4　本章小结

苏南城市群区位条件优越,基础设施完善,人口集聚程度高,教育资源丰富,创新能力强,在江苏经济发展中占优势地位。在 2017 年颁布的《长江三角洲城市群发展规划》中,苏南城市群有特大城市 1 个(南京),Ⅰ型大城市 1 个(苏州),Ⅱ型大城市 2 个(无锡、常州),中等城市 1 个(镇江),小城市若干。改革开放以来苏南城市群经济发展经历了四个阶段:起步阶段,20 世纪 70 年代末至 80 年代中期,在这一阶段,苏南地区的发展重点在农村,苏南乡镇工业崛起壮大;外向型经济发展阶段,20 世纪 80 年代后期至 90 年代中后期,这一阶段以外向型经济的发展为标志;深入嵌入国际产业链阶段,20 世纪 90 年代后期至 21 世纪 00 年代中后期,本阶段以打造现代化国际制造基地为标志;第四阶段,高质量发展阶段,21 世纪 10 年代至今,在这一阶段以转型升级和高质量发展为标志。从产业结构演化历程看,苏南城市群产业结构逐步优化,第三产业占比高于全国和江苏省平均水平;苏南城市群内部产业结构演化程度参差不齐;苏南城市群内部各城市第三产业发展程度不均;与北京、上海等发达城市相比,苏南各城市仍有提升空间。从三次产业的贡献率看,苏南城市群第一产业的产值增加值贡献率基本呈递减趋势,第二产业产值增加值贡献率呈先下降后上升趋势,第三产业产值增加值贡献率在总体上持上升趋势。

第4章　苏南城市群产业集聚水平及影响因素分析

　　产业空间集聚创新是提高区域经济发展质量的重要路径。产业和劳动力在区域内的集聚通过分工形成专业生产流程,专业化的劳动力市场,共享专业基础设施,并通过同业竞争,刺激企业进行技术创新和兼并重组,实现企业规模报酬递增,获得马歇尔的"外部经济"效应。[①] 国外对于产业集聚的研究始于马歇尔的产业区理论,马歇尔首次使用"集聚"概念描述地域相近的企业和产业集中,认为集聚能产生空间外部效应。Arthue[②] 认为产业集聚是递增收益、历史积累或路径依赖和区位"锁定"时,生产活动所形成的结果。Porter[③] 在地区竞争力"钻石"模型研究中,强调产业集聚对地区产业国际竞争力的作用,认为产业集聚能够促进区域竞争,保持或增加其经济增长速度。Nakamura[④] 以日本制造业为研究对象,指出专业化集聚与多元化集聚两种模式下,不同行业对城市发展的促进作用存在差异。Combes[⑤] 通过对法国服务业集聚和制造业集聚的经济效应进行比较,证实了两大行业的集聚对经济增长作用不同,而无论哪一类产业集聚都反映了该地区的产业结构特征。Gao[⑥] 采用中国省际面板数据,研究专业化和多样化产业集聚与产业增长的关系,结果表明多样化产业集聚有利于产业增长,而专业化集聚不利于产业发展。产业集聚经济效应会受到城市规模、政府支持和金融等因素的影

　　① 　Marshall A. Principles of Economics[M]. London: Macmillan, 1890.

　　Weber A. The Theory of the Location of Industries[M]. Chicago: The University of Chicago Press, 1965.

　　② 　Arthue J. External Trade in Developing Economies[J]. NBER, Working Paper, 2001(11):9 - 18.

　　③ 　Porter M E. Competitive Strategy[M]. New York: The Free Press, 1980:165 - 168.

　　④ 　Nakamura R. Agglomeration Economies in Urban Manufacturing Industries: A Case of Japanese Cities[J]. Journal of Urban Economics, 1985,17(1):108 - 124.

　　⑤ 　Combes P P. Economic Structure and Local Growth: France, 1984 - 1993[J]. Journal of Urban Economics, 2000,47(3): 329 - 355.

　　⑥ 　Gao T. Regional Industrial Growth: Evidence from Chinese Industries[J]. Regional Science and Urban Economics, 2004,34(1):101 - 124.

响。Henderson[①]基于城市规模经济和通勤成本构建了一般均衡模型,因其行业的最优规模经济和集聚收益不同,不同规模的城市形成专业化分工。Pines 和 Zilcha[②]认为当区间交易成本高于市内拥堵成本时,集聚方为稳定均衡。Porter[③]依据钻石理论分析政府在产业集聚中的作用,指出政府通过相关产业政策可以影响到生产要素价格和产业格局。

国内学者在借鉴国外的研究基础上,结合中国发展实际情况,对产业集聚也开展了广泛的研究。王子龙等[④]认为产业集聚是指属于某种特定产业及其相关支撑产业,或属于不同类型的产业在一定地域范围内的地理集中,形成强劲、持续竞争优势的现象。产业集聚作为产业演化过程中的一种地缘现象,是各国经济发展过程中的必然产物。由于规模收益递增和正的外部经济效应,产业集聚往往会导致制造工业进一步趋向集中。同时,产业集聚行为能够带来集聚效应、共生效应、协同效应、区位效应、结构效应等诸多优势,对区域产业布局与发展有着重要影响。韩峰等[⑤]对生产性服务业集聚的研究表明,有效距离范围内由东至西,城市间生产性服务业专业化集聚对经济增长的积极作用递增,多样化集聚的经济效应则依次递减。于斌斌[⑥]采用空间杜宾模型指出,生产性服务业的多样化集聚模式对经济增长有促进作用,同时生产性服务业集聚模式的经济效应与区域差异、行业结构和城市规模有关。孙久文等[⑦]在分析粤港澳大湾区产业集聚的城市尺度和区域尺度的基础上,提出在全球化背景下应以大都市圈作为粤港澳大湾区的产业集聚尺度,利用基础设施建设提升一体化水平,采取差异化政策协调城市关

① Henderson J V. The Sizes and Types of Cities[J]. American Economic Review,1974,64(4):640 - 656.

② Pines D, Zilcha I. Topics in Public Economics[J]. Cambridge Books,1998.

③ Porter M E. Competitive Advantage, Agglomeration Economies, and Regional Policy[J]. International Regional Science Review,1996,19(12):85 - 90.

④ 王子龙,谭清美,许萧迪.产业集聚水平测度的实证研究[J].中国软科学,2006(3):109 - 116.

⑤ 韩峰,王琢卓,阳立高.生产性服务业集聚、空间技术溢出效应与经济增长[J].产业经济研究,2014(2):1 - 10.

⑥ 于斌斌.中国城市生产性服务业集聚模式选择的经济增长效应:基于行业、地区与城市规模异质性的空间杜宾模型分析[J].经济理论与经济管理,2016(1):98 - 112.

⑦ 孙久文,夏添,胡安俊.粤港澳大湾区产业集聚的空间尺度研究[J].中山大学学报(社会科学版),2019,59(2):178 - 186.

系,开展产业发展模式、贸易体系、经济版图的三层重构。蓝发钦和黄嬿[1]以长三角地区制造业、金融业、高科技产业和文化产业为研究对象,使用长三角地区 36个地级城市 1999 年到 2015 年的相关数据,应用静态和动态空间计量杜宾模型,对这些城市产业集聚发展特点及其对城市经济发展的短期和长期的直接、间接和总体经济效益进行实证分析,其结果显示,长三角地区金融业集聚短期不利于、长期有利于城市经济发展;制造业和高科技产业集聚短期有利于、长期不利于城市经济发展;文化产业集聚短期不利于城市经济发展,但从长期看,对城市经济发展的影响不明确。为了稳固长三角地区在经济发展中的龙头地位,需要政府适时打破行政区域界限,统筹规划、适当干预并调整其产业发展的方向和节奏,促使产业集聚有利于城市经济发展。齐嘉[2]利用 2010—2015 年中国国家级高新技术开发区(以下简称"高新区")瞪羚企业初选统计数据,研究京津冀、长三角、珠三角三大城市群高成长企业的产业地理集聚状况。具体利用 Ellison 和 Glaeser[3] 的产业集聚指数(EG 指数),测算三大城市群中高新区高成长企业集聚情况。胡东婉和宋玉祥[4]以 2002—2016 年中国东北地区 34 个地级市的数据为基础,实证检验城市产业空间地理集聚水平的影响因素。研究结果显示,中国东北地区产业集聚程度时空动态变化依赖初始产业布局,空间分布格局上表现出由南向北的阶梯状分布,且表现出一定的稳定性;产业集聚过程中相邻地区间经济差距对产业集聚水平的影响大于地理空间相邻对其的影响。而中国东北地区要实现经济的可持续发展需对产业进行战略布局、实现空间优化和促进产业新集聚。

　　通过对文献的回顾,发现产业集聚问题研究对象的区域主要是全国、东部地区、西部地区、长江经济带、长三角、珠三角等较大跨省域区域,而我国各省份间产业结构特征差异较大,这导致各地区产业集聚规模、地理布局、集聚动力等不尽相同。而对于省域内部、结构相似的城市群产业集聚进行定量研究的较少。因此,

---

　　[1]　蓝发钦,黄嬿.长三角产业集聚的经济效益分析——基于静态和动态空间计量杜宾模型[J].华东师范大学学报,2019,51(2):163-171.

　　[2]　齐嘉.中国三大城市群产业集聚比较研究——基于高新区高成长企业的证据[J].海南大学学报(人文社会科学版),2018,36(2):60-68.

　　[3]　Ellison G,Glaeser E L,Kerr W. What Causes Industry Agglomeration? Evidence from Conglomeration Patterns[EB/OL].[2007-04-03].http://www.hbs.edu/research/pdf/07-064.pdf.

　　[4]　胡东婉,宋玉祥.中国东北地区产业集聚与可持续发展研究[J].哈尔滨工业大学学报(社会科学版),2019,21(3):136-140.

研究特定区域的产业集聚问题更具有现实意义。本书以苏南城市群为研究区域，对其产业集聚程度进行测度，并对影响产业集聚的因素进行计量分析，该研究对提高苏南城市群产业集聚程度具有现实意义，也为其他城市群的产业集聚发展提供借鉴。

4.1 苏南城市群产业集聚水平测度

产业集聚水平测度研究方法主要可以分为两大类：一类是基于特定区域的产业集聚水平测度角研究，例如行业集中度、基尼系数等；一类是基于距离的产业集聚水平测度，例如 K 函数、L 函数和 DO 指数等。[①] 每一种产业集聚测度方法各有优点与缺陷，能够从某些方面较好地反映产业集聚水平，但又存在许多不足之处，比如选用单一的职工就业人数、产值或增加值指标来计算集聚度，隐含的假设是各地区的劳动生产率或技术贡献率是一样的，但事实并非如此。又如 DO 指数等，在理论上具有较强的优越性，但是很难获得实际数据进行计算，缺乏实际操作性。考虑研究区的实际情况、数据的可获取性及科学性，通过计算基尼系数衡量苏南城市群各行业大类的地理集中度。但基尼系数只能反映行业在区域间分配的均衡程度，不能揭示特定地域某行业的发展在整个区域中的状况，而区位商指数恰好能够弥补这一不足，反映某一产业在特定区域的相对集中程度。因此，本书选择空间基尼系数和区位商指数两种方法作为测度产业集聚的指标，先采用空间基尼系数计算苏南城市群整体的产业集聚特点，然后采用区位商指数对苏南城市群各市的产业集聚水平进行测度，最后分析影响苏南城市群产业集聚的因素。

4.1.1 区位基尼系数

基尼系数是意大利经济学家科拉多·基尼在 Lorenz 曲线的基础上于 1912 年提出的，是用来综合考察居民内部收入分配差异状况的一个重要分析指标。保罗·克鲁格曼[②]提出区位基尼系数，计算了美国三位数行业的区位基尼系数，分析研究了美国行业的集聚程度，发现部分行业存在高度集聚。Amiti[③] 计算了欧盟十国的三位数水平 27 个行业的基尼系数及五国 65 个行业的基尼系数。梁琦[④]

---

① 孙慧，周好杰. 产业集聚水平测度方法综述[J]. 科技管理研究，2009(6)：449 - 451.
② Krugman P. Increasing Returns and Economic Geography[J]. Journal of Political Economy，1991，99(3)：483 - 499.
③ Amiti M. New Trade Theories and Industrial Location in the EU：A Survey of Evidence[J]. Oxford Review of Economic Policy，1998，14(2)：45 - 53.
④ 梁琦. 中国工业的区位基尼系数——兼论外商直接投资对制造业集聚的影响[J]. 统计研究，2003(9)：21 - 25.

对中国工业的区位基尼系数进行了计算。文玫[①]采用空间基尼系数对中国工业在区域上的重新定位和聚集进行了研究,研究发现,部分产业集聚符合 Heckscher-Ohlin 模型假设,即自然资源优势导致了某些资源密集型产业集聚,而"落脚自由"的产业大都集中在沿海地区,市场的规模、交易费用等对产业集聚有着显著的影响,而经济体制改革与政策影响着产业的集聚与再分布。谢品等[②]采用 2006—2009 年江西省 11 个地级市 20 个制造业构成的时间—地区—行业的三维面板数据,实证分析产业集聚、地区专业化与经济增长的关系。结果表明,产业集聚、地区专业化与经济增长之间的关系并不是简单的线性关系,而是呈现倒 U 型的关系,并运用新地理经济学的相关理论分析拐点出现的原因。刘晓科和胡振东[③]基于国内六大城市群 2003—2012 年的面板数据,采用空间基尼系数对生产性服务业的集聚特征做了描述分析,认为其集聚演化趋势在不同区域、细分行业内部均存在明显差异;进一步建立回归模型,对生产性服务业与经济增长的关系做了实证分析,认为金融业和房地产业对经济增长具有显著带动作用,而东部地区应转变发展科学研究服务业、商业服务业等高端生产性服务业的思路,同时中西部地区应注重物流等传统生产性服务业的转型升级。孔庆洋和黄慧慧[④]计算了 97 个行业的基尼系数和泰尔指数,分析了行业收入差距的演化特征和机制。空间回归模型表明服务业集聚、市场潜能、FDI 和人力资本都通过本地区及邻近地区直接和间接影响本地区的行业收入差距。

本书借鉴张健等[⑤]的方法,利用区位基尼系数分析苏南城市群产业集聚状况。区位基尼系数是由基尼系数演化而来的,是从横向方面分析地区间的产业集聚情况,并没有做到从纵向方面分析区域的产业集聚变化趋势。产业基尼系数是从纵向方面来分析产业集聚,将区位基尼系数和产业基尼系数相结合可分析包括产业的空间集聚和区域的产业集聚在内的双重集聚情况,可分析得到更加翔实和科学的产业集聚状况。本书将分别从时间和空间角度出发,分析苏南城市群产业集聚的产业基尼系数和区位基尼系数。通过空间基尼系数衡量各产业在苏南城

① 文玫. 中国工业在区域上的重新定位和聚集[J]. 经济研究,2004(2):84 – 94.
② 谢品,李良智,赵立昌. 江西省制造业产业集聚、地区专业化与经济增长实证研究[J]. 经济地理,2013,33(6):103 – 108.
③ 刘晓科,胡振东. 生产性服务业发展的区域比较研究[J]. 统计与决策,2015(13):147 – 150.
④ 孔庆洋,黄慧慧. 服务业集聚、市场潜能与行业收入差距——基于空间回归模型的分析[J]. 安徽师范大学学报(人文社会科学版),2018,46(2):69 – 81.
⑤ 张健,狄乾斌,涂文伟. 基于双重基尼系数的环渤海地区制造业集聚研究[J]. 资源开发与市场,2014,30(5):565 – 569.

市群区域内部分布的密度,用于研究区域内的产业布局和考察产业集聚的水平;产业基尼系数用于测量苏南城市群各个产业的分配均衡状况,描述该地区产业的集中程度和多样性。

1986 年,Keeble 等人将 Lorenz 曲线和基尼系数用于度量某行业地区间分布的集中程度,发展成区位基尼系数 G。计算公式为:

$$G = \sum_{i=1}^{n} (S_i - X_i)^2 \tag{4.1}$$

其中,G 为空间基尼系数,表示某行业在苏南城市群内的空间基尼系数,S_i 是苏南城市群某产业的总产值占江苏省整个区域内某产业的总产值比重,X_i 是苏南城市群所有产业总产值占江苏省区域内所有产业总值的比重,n 表示整个区域内所包括的地区总数。G 的值在 0 和 1 之间,若 G 的值越接近 0,则该地区的产业分布越均衡;若 G 的值越接近 1,则产业集聚程度越强。

通常认为,基尼系数在 0.2 以下表示收入分配绝对平均,0.2~0.3 之间表示比较平均,0.3~0.4 之间表示比较合理,0.4~0.5 之间表示差距过大,0.5 以上为高度不平均。

区位基尼系数值和产业基尼系数值在 0~1 之间变化,其区位基尼系数值越大,说明该产业在某地区越集中;而产业基尼系数越大,则说明该地区越集中分布某个或某些产业。反之,区位基尼系数值越小,越说明该产业相对平均分布在各个地区;产业基尼系数越小,则越说明该地区各个产业平均分布。具体见表 4-1。

表 4-1　基尼系数的集聚程度

基尼系数	集聚程度
<0.2	无集聚
0.2~0.3	低度集聚
0.3~0.4	中度集聚
0.4~0.5	较高集聚
>0.5	高度集聚

产业集聚只是一个相对普遍的经济现象,并非所有产业都具有集聚的特征,适用于区位基尼系数的产业应是那些具有良好规模经济效应、能产生集聚效益的产业。[①] 克鲁格曼认为要通过自由移动的生产来研究产业的空间集聚,而移动自

---

① 刘志坚,侯春峰.论产业集聚度的测度——区位基尼系数的应用[J].现代商贸工业,2008,20(3):7-9.

由的产业多不依赖于自然资源生产的分布,相当于我们所说的第二产业和第三产业。[①]

4.1.2 区位商指数

区位商是一种较为普遍用于产业效率与效益分析的集群识别方法,可用于衡量某一产业的某一方面在特定区域的相对集中程度。根据指标的可获取性及代表性原则,采用区域某产业产值作为产业的度量指标。

某产业的区位商指数 Q 的计算公式:

$$Q = \frac{\dfrac{e_i}{\sum e_i}}{\dfrac{E_i}{\sum E_i}} \tag{4.2}$$

式中,表示 e 地区的 i 产业在整个上层的 E 区域的区位商,e_i 表示 i 产业在地区的总产值,E_i 表示 i 产业在上层 E 区域的总产值。本研究中 e 地区为苏南城市群中的 5 个市,上层的 E 区域为苏南城市群。区位商指数大于 1,说明该产业的集聚水平高于区域平均水平,集中度较高,易于发挥规模化优势,处于相对优势地位;反之,如果区位商指数小于 1,说明该产业的集聚水平低于区域平均水平。

4.1.3 数据说明

本书的计算数据均来源于 2014—2019 年的《江苏统计年鉴》《南京统计年鉴》《无锡统计年鉴》《镇江统计年鉴》《常州统计年鉴》和《苏州统计年鉴》。本书对行业进行合并和调整后主要包括:农林牧渔业,采矿业,制造业,电力、燃气及水的生产和供应业,建筑业,交通运输、仓储和邮政业,信息传输、计算机服务和软件业,批发和零售业,住宿和餐饮业,金融业,房地产业,租赁和商务服务业,科学研究、技术服务和地质勘查业,水利、环境和公共设施管理业,居民服务和其他服务业,教育,卫生、社会保障和社会福利业,文化、体育和娱乐业,公共管理和社会组织 19 个具体行业。

---

① 韩增林,王茂军,张海霞.中国海洋产业发展的地区差距变动及空间集聚分析[J].地理研究,2003,22(3):289-296.

4.1.4　计算结果分析

4.1.4.1　空间基尼系数分析

表 4-2　苏南城市群 2017 年空间基尼系数值

行　业	苏南城市群
农林牧渔业	0.004
采矿业	0.006
制造业	0.56
电力、燃气及水的生产和供应业	0.104
建筑业	0.1
批发和零售业	0.35
交通运输、仓储和邮政业	0.34
信息传输、计算机服务和软件业	0.42
住宿和餐饮业	0.63
金融业	0.33
房地产业	0.27
租赁和商务服务业	0.34
科学研究、技术服务和地质勘查业	0.41
水利、环境和公共设施管理业	0.27
居民服务和其他服务业	0.11
教育	0.31
卫生、社会保障和社会福利业	0.12
文化、体育和娱乐业	0.35
公共管理和社会组织	0.17

　　由表 4-2 可以看出,苏南城市群高度集聚的行业有制造业,住宿和餐饮业;较高程度集聚的行业有科学研究、技术服务和地质勘查业,信息传输、计算机服务和软件业;中度集聚的行业有批发和零售业,交通运输、仓储和邮政业,金融业,租赁和商务服务业,教育,文化、体育和娱乐业;低度集聚的行业有房地产业,水利、环境和公共设施管理业;无集聚的行业有卫生、社会保障和社会福利业,公共管理

和社会组织,居民服务和其他服务业,建筑业,电力、燃气及水的生产和供应业,采矿业,农林牧渔业。集聚程度较高的行业主要是技术密集型行业和资金密集型行业,这两类行业受技术外溢、规模经济和人才集中等因素的影响比较显著。技术密集型行业的制造业,信息传输、计算机服务和软件业,科学研究、技术服务和地质勘查业的空间基尼系数相对较高,这是因为这些行业必须要通过集聚才能发挥规模优势;对于资金密集型的金融业一般都是集中在经济发展水平较高的区域,所以也呈现出较高的集聚程度。集聚程度中等的行业主要是服务业,主要包括:批发和零售业,交通运输、仓储和邮政业,金融业,租赁和商务服务业,教育,文化、体育和娱乐业,这些行业主要受经济发展水平和人口的集聚程度的影响,随着人口的分布而在空间上呈现比较分散的分布。电力、燃气及水的生产和供应业,房地产业,建筑业,水利、环境和公共设施管理业,卫生、社会保障和社会福利业,公共管理和社会组织等的集中程度不是很显著,说明这些行业发展比较稳定,在没有外界因素的干扰下,在整个城市群的这些行业已经趋于稳定分布。

4.1.4.2　区位商分析

由表 4-3 可以看出:

第一,制造业是苏南城市群产业的"重中之重"。2013 年和 2018 年除南京以外,苏南城市群其他四市的制造业区位商指数均大于 1,产业的集聚水平高于区域平均水平,集中度较高,规模化优势明显,处于相对优势地位。苏南是我国创新型企业最密集的地区之一,正在积极推进从"苏南制造"向"苏南创造"的转变。2013 年,苏南五市以 0.29% 的土地面积创造了全国 6.4% 的经济总量、6.7% 的工业利润,人均地区生产总值超过 1.9 万美元,是全国平均水平的 2.6 倍。例如,江苏机电工业产值占全国的 17% 左右,产业门类齐全,在核心关键部件、特种材料和非标成套设备上优势十分明显。苏南五市许多中小企业和民营企业都担任了面广量大的基础配套任务,很多细分领域诞生了不少的"隐形冠军",如弱电智能开关、继电控制设备、电线电缆等等。江苏能成为全国第一工业大省,苏南五市的先进制造业功不可没。江苏省出台了《省政府关于加快发展先进制造业振兴实体经济若干政策措施的意见》和《省政府办公厅关于推进中国制造 2025 苏南城市群试点示范建设的实施意见》文件。在《省政府办公厅关于推进中国制造 2025 苏南城市群试点示范建设的实施意见》中则明确升级加大统筹推进力度,支持五市探索创新驱动、产业发展、先进制造、开放融合四大模式,构建协同创新体系、新型制造体系、人才支撑体系、政策保障体系四大体系,打造一批具有地方标志、领跑全国乃至全球的产业标杆,打造更多享誉世界的"江苏品牌"。

表 4-3　苏南五市 2013 年和 2018 年行业区位商指数一览

行业	南京		无锡		常州		苏州		镇江	
	2013	2018	2013	2018	2013	2018	2013	2018	2013	2018
农林牧渔业	0.41	0.48	0.29	0.29	0.51	0.51	0.27	0.28	0.72	0.81
采矿业	0.37	0.12	0.02	0.04	0.07	0.17	0.05	0.06	0.94	0.9
制造业	0.88	0.85	1.12	1.11	1.12	1.11	1.16	1.14	1.14	1.16
电力、燃气及水的生产和供应业	0.09	0.46	1.34	0.82	0.51	0.45	0.69	0.67	0.94	0.86
建筑业	0.96	0.95	0.66	0.72	0.84	0.79	0.63	0.67	0.69	0.72
批发和零售业	1.08	0.82	0.54	0.56	0.96	0.93	0.75	0.83	1.07	1.04
交通运输、仓储和邮政业	2.06	2.46	0.59	0.74	0.59	0.7	0.92	0.86	0.61	0.7
信息传输、计算机服务和软件业	0.98	1.2	1.48	1.65	1.21	1.35	1.33	1.37	0.91	1.07
住宿和餐饮业	1.01	1.03	1.7	1.64	1.55	1.41	1.5	1.68	1.28	1.35
金融业	1.64	1.46	0.87	0.94	0.89	0.74	1.15	1.04	0.71	0.76
房地产业	1.29	1.13	0.85	0.86	0.98	1	1.08	1.05	0.97	0.97
租赁和商务服务业	0.79	0.75	1.3	1.13	1.54	1.18	1.09	1	0.75	0.76
科学研究、技术服务和地质勘查业	1.86	2.13	0.79	0.86	0.48	0.94	0.73	1.06	1.06	1.02
水利、环境和公共设施管理业	1.09	0.85	0.87	0.87	1.52	0.64	0.83	0.79	0.9	0.87
居民服务和其他服务业	1	0.82	0.81	0.93	0.89	0.99	0.43	0.69	1.09	0.98
教育	1.35	0.99	0.69	0.71	0.71	0.58	0.56	0.79	0.99	0.65
卫生、社会保障和社会福利业	0.98	0.88	0.73	0.55	0.72	0.54	0.66	0.83	1.09	0.71
文化、体育和娱乐业	1.44	0.85	1.08	0.95	1.09	2.84	0.9	0.47	1.86	2.17
公共管理和社会组织	0.91	0.77	1.11	0.89	0.71	0.57	0.74	0.73	1.37	0.99

第二,苏南五市信息传输、计算机服务和软件业以及住宿和餐饮业整体优势明显。在研究期间内,以上产业的区位商指数几乎都大于1,产业集聚水平高,优势明显。2018年,南京市住宿和餐饮业零售额570.25亿元,增长7.6%;苏州市住宿和餐饮业零售额712.3亿元,比上年增长9%;无锡市住宿和餐饮业零售额289.94亿元,比上年增长9.5%;镇江市餐饮业零售额166.86亿元,增长7.1%;常州市餐饮业实现零售额230.4亿元,增长18.4%。

第三,南京市和苏州市金融业发展良好,具有优势地位。在研究期间内,南京市金融业的区位商指数为1.64和1.46、苏州市金融业的区位商指数为1.15和1.04。南京金融市场规模不断扩大,金融首位度不断提升。南京金融业总资产规模接近7万亿元,金融主要指标均位居全省首位,整体金融市场规模占全省的20%。南京市政府与央行数字货币研究所等多方合作共建的"南京金融科技研究创新中心"正式落地,已集聚金融、新型金融组织等各类市场主体近800家,基本形成以银行、证券、保险为主体,各种新型金融业态并举的现代金融组织体系。在金融服务方面,南京市出台支持民营经济健康发展的30条意见,提出从纾困、担保、转贷等8个领域支持民营经济健康发展。围绕信贷支持科技创新主渠道功能,打造"宁创贷"品牌,围绕小微金融服务,建立了多元化融资激励和增信机制;围绕多层次资本市场建设,建立资本市场上市奖励机制,与深交所、上交所共建多个资本市场服务平台。在金融支持政策方面,南京市出台了《扶持股权投资机构发展促进科技创新创业的实施细则》(股权十条),大幅提高新落户股权投资机构的开办奖励。南京还建立了泛长三角地区南京、宿迁、扬州、泰州、镇江、淮安、芜湖、马鞍山、滁州、宣城十城市金融创新合作联盟,大力推进区域城市间的金融市场联动、金融产业整合和金融管理创新的深度合作,不断提升南京在区域一体化过程中的带动力和辐射力。南京已成为苏、皖、赣3省中金融业务量最大、机构数量最多、业务种类最全、服务功能最强的城市,对周边市场的影响力和辐射力不断加强。2017年,苏州市金融机构总数838家,金融总资产5万亿元,全市金融机构人民币存款余额26 467.6亿元,比年初增加603.3亿元,比年初增长2.3%;金融机构人民币贷款余额23 986.6亿元,比年初增加2 062.2亿元,比年初增长9.4%。全市保险机构共82家,各类分支机构933家。全年保费收入648亿元,比上年增长23.4%;保险赔款和给付支出163.55亿元,比上年增长4.6%。保险深度、保险密度分别达到3.7%和5 900元/人。全年新增上市公司14家,年末上市公司总数达127家,累计募集资金1 910亿元。新增"新三板"挂牌企业70家,累计达 459 家。全年新增债券融资 854 亿元。年末全市证券机构托管市值总额 6 594 亿元,各类证券交易额 4.91 万亿元,期货市场交易额 2.83 万亿元。

第四,南京市和苏州市房地产业集聚程度高,具有产业优势。在研究期间内,南京市房地产业的区位商指数为 1.29 和 1.13,苏州市房地产业的区位商指数为 1.08 和 1.05。2018 年,南京市房地产开发投资 2 354.17 亿元,比上年增长 8.5%。其中,住宅投资 1 547.64 亿元,增长 0.3%;商业用房投资 351.93 亿元,增长 33.8%。全年新开工保障房 456 万平方米,竣工 356 万平方米。苏州全年完成房地产开发投资 2 558 亿元,比上年增长 10.9%。全市房屋新开工面积 2 801 万平方米,比上年增长 9.2%;房屋施工面积 11 659 万平方米,比上年下降 2%;房屋竣工面积 1 507 万平方米,比上年下降 29.7%;商品房销售面积 1 994 万平方米,比上年增长 3%,其中住宅销售面积 1 788 万平方米,比上年增长 5.9%。

第五,南京和苏州科学研究、技术服务和地质勘查业集聚程度高,具有产业优势。在研究期间内,南京市科学研究、技术服务和地质勘查业的区位商指数为 1.86 和 2.13,苏州市科学研究、技术服务和地质勘查业的区位商指数为 0.73 和 1.06。2018 年,苏州市财政性科技投入 152 亿元,占一般公共预算支出的 7.8%;张家港、常熟、昆山入围国家首批创新型县(市)建设名单;高新技术产业产值占规模以上工业总产值的比重达到 47.7%,全市新增高新技术企业 952 家,累计达 5 416 家;新增省级以上工程技术研究中心 73 家,累计达 733 家;新增省级以上企业技术中心 86 家,累计达 505 家;新增省级以上工程中心(实验室)11 家,累计达 90 家;省级以上公共技术服务平台 60 家,其中国家级 15 家;与中科院、南京大学、牛津大学等一批国内外大院大所合作共建重大创新载体,全市省级以上科技孵化器 112 家,孵化面积 458.1 万平方米,共有国家级众创空间 52 家,省级众创空间 190 家,各类众创空间共孵育创新团队 4 000 余个;全市各类人才总量 274.2 万人,其中高层次人才 24.54 万人,拥有高技能人才 56.92 万人,新增国家级人才引进工程入选者 13 人,累计达 250 人,其中创业类人才 131 人;中国(苏州)知识产权保护中心获批建设,新增国家知识产权示范企业 16 家,年末万人有效发明专利拥有量达 53 件。南京市建设创新名城,全社会研究与试验发展(R&D)经费投入占 GDP 比重达到 3.07%;集中签约新型研发机构 208 个,孵化引进企业 951 家;高新技术企业净增 1 282 家,总数达 3 126 家;新增境内外上市企业 7 家,累计达到 109 家;新增科技部门备案众创空间 64 家,累计达到 282 家,其中国家级备案 53 家;新增市级以上工程技术研究中心 128 家,累计达到 1 047 家;拥有省市科技公共服务平台130家,国家和省重点实验室88家,其中国家31家。

第六,南京市交通运输、仓储和邮政业集聚程度高,具有优势地位。在研究期间内,南京市交通运输、仓储和邮政业的区位商指数为2.06和2.04,产业优势明显。2018年,南京市全年完成邮电业务总量461.06亿元,比上年增长50.5%。其中,邮政业务总量161.41亿元,增长15.9%;电信业务总量299.65亿元,增长53.3%。全年完成邮电业务收入(按现价计算)245.34亿元,比上年增长20.8%。其中,邮政业务收入110.58亿元,增长14.8%;电信业务收入134.76亿元,增长4.9%。全年完成国际国内快递业务量76 634.53万件,比上年增长20.8%。全年货物运输总量38 563.56万吨,比上年增长8.7%。货物运输周转量3 123.57亿吨千米,下降6.2%。全年港口货物吞吐量25 411万吨,增长4.9%。其中,外贸货物吞吐量3 103万吨,增长26.5%。港口货物吞吐量中,集装箱吞吐量321万标箱,增长1.2%。

第七,无锡、常州和苏州市租赁和商务服务业集聚程度高,具有优势地位。在研究期间内,无锡市租赁和商务服务业区位商指数为1.3和1.13,常州市租赁和商务服务业区位商指数为1.54和1.18,苏州市租赁和商务服务业区位商指数为1.09和1。

第八,镇江市批发和零售业集聚程度高,具有优势地位。在研究期间内,镇江市批发和零售业区位商指数为1.07和1.04。2018年,镇江市全年实现社会消费品零售总额1 360.92亿元,比上年增长5.0%。按经营单位所在地分,城镇市场零售额1 281.99亿元,增长4.8%;乡村市场零售额78.93亿元,增长7.6%。按消费形态分,批发业零售额191.44亿元,下降4.0%;零售业零售额983.49亿元,增长6.4%。

第九,苏南城市群农林牧渔业,采矿业,电力、燃气及水的生产和供应业等资源密集型产业集聚程度不是很显著,发展平稳。

4.2　产业集聚影响因素分析

国内外学者对影响产业集聚的因素做了深入研究。Martin 和 Rogers[①] 研究了基础设施对制造业区域集聚的作用,认为厂商倾向于集聚在基础设施较好的国家。Hanson[②] 以美国为实证研究对象,检验了市场潜力、规模报酬递增和产业集聚之间的关系。Haaland 等[③]在传统贸易理论、新贸易理论和新经济地理学基础上,利用 13 个欧盟国家 35 个制造行业 1985 年和 1992 年的横截面数据,实证分析了欧洲一体化市场对制造业相对集聚和绝对集聚变化的影响。Dumais 等[④]运用美国 307 个地区 134 个行业的企业层面数据来检验投入产出关联、劳动力市场集聚和技术外溢对制造业集聚的影响,结果显示,三者均是影响集聚因素。梁琦[⑤]从国家层面上系统地分析了产业集聚的各类决定因素,分别为规模经济、资源要素禀赋、运输成本、外在性、地方需求、产品差别化、市场关联和贸易成本等重要因素。综上所述,学者们对产业集聚的经验检验,主要集中在以下几个方面:市场潜力与产业集聚,本地市场效应与产业集聚,技术外溢、上下游联系与产业集聚,以及国内运输成本与产业集聚。

4.2.1　模型与数据

本书根据数据的可得性和刻画的准确性考虑,选取以下指标来对区域产业集聚程度进行分析:选择地区生产总值作为衡量需求市场规模的指标,选择人口密度作为衡量劳动力供给的指标,选择人均道路面积作为衡量运输条件的指标,选择国有经济所占比例作为衡量经济开放程度的指标,选择科技经费支出作为衡量

①　Martin P, Rogers C A. Industrial Location Public Infrastructure[J]. Journal of International Economics, 1995,39(3－4):335－351.

②　Hanson G H. Market Potential, Increasing Return, and Geographic Concentration[Z]. NBER Working Paper, 1998:6429.

③　Haaland J I, Kind H J, Midelfart-Knarvik K H, et al. What Determines the Economic Geography of Europe[Z]. NSEBA Discussion Paper, 1998:19.

④　Dumais G, Ellison G, Glaeser E L. Geographic Concentration as a Dynamic Process[Z]. NBER Working Paper, 1997:6270.

⑤　梁琦.中国工业的区位基尼系数——兼论外商直接投资对制造业集聚的影响[J].统计研究,2003(9):21－25.

区域创新性的指标,为保证数据的稳定性,避免数据跳动对分析结果产生的影响,对所有数据取对数,具体模型形式如下:

$$L_nI_{it} = \propto_i + \beta_1 L_nGDP_{it} + \beta_2 L_nPOP_{it} + \beta_3 L_nROAD_{it} + \beta_4 L_nOPEN_{it} + \beta_5 L_nINNO_{it} + \varepsilon_{it}$$

$$(4.3)$$

式中,i 代表个体,t 代表时间,$\propto_i$ 为个体效应,ε_{it} 为扰动项。

本书的计算数据均来源于 2010—2019 年的《江苏统计年鉴》《南京统计年鉴》《无锡统计年鉴》《镇江统计年鉴》《常州统计年鉴》和《苏州统计年鉴》。

4.2.2 计算结果分析

表 4-4 苏南城市群产业集聚影响因素模型计算结果

解释变量	截距项	GDP_{it}	POP_{it}	$ROAD_{it}$	$OPEN_{it}$	$INNO_{it}$
参数值	−4.376	2.142	1.34	1.12	1.45	1.62
t 值	−8.127	13.792	2.101	3.542	1.763	3.511
检验统计量	$R^2 = 0.921$		$F = 21.32$		$Hausman = 0.001$	

从表 4-4 可以看出:

4.2.2.1 需求市场规模因素影响苏南城市群产业集聚

需求市场规模大的地区,消费者对产品的需求也就较大,从而能够吸引企业进行投资,也就是较大的市场规模能够吸引更多的企业和劳动力集聚,购买量大,流动的资金量大,因而规模更大;客户集中,地域性更强。通常来说,地区经济越发达,其需求市场规模越大,就越有利于地区产业集聚的发展。2018 年,苏南五市 GDP 排名均进入全国百强,其中,苏州市 GDP 总量 18 597 亿元,同比增长7%,排名第 7;南京市 GDP 总量 12 820 亿元,同比增长 8%,排名第 11;无锡市GDP 总量 11 438 亿元,同比增长 7.4%,排名第 14;常州 GDP 总量 7 050 亿元,同比增长 7%,排名第 29;镇江市 GDP 总量 4 050 亿元,同比增长 3%,排名第 55。表 4-4 中的估计结果显示,变量对地区投资具有显著正向影响,这与理论分析的结果相一致。变量系数的估计值为 2.142,影响效果明显,表明在苏南城市群区域范围内经济越发达越有利于资本向该地区流动,从而有效促进该地区产业集聚的发展。

4.2.2.2　劳动力有效供给影响苏南城市群产业集聚

劳动力是企业生产中最重要的生产要素之一,相对于其他生产要素而言,劳动力要素具有流动性差、地域性强等特征。劳动力越密集的地区,劳动力的有效供给越充足,这样企业的净收益就更高更稳定,越利于产业的集聚。苏南城市群高素质劳动力供给充足。2018 年,南京市普通高等学校 53 所(不含部队院校),在校学生(不含研究生)72.16 万人,在宁高校及研究生培养机构在学研究生 13 万人,普通中学 240 所,在校学生 24.52 万人,中等职业学校(含成人中专,不包括技工学校)22 所,在校学生 6.28 万人;苏州市普通高等院校 26 所,普通高等学校在校学生 23.56 万人,毕业生 5.78 万人;无锡市普通高校 12 所,普通高等教育本专科招生 3.40 万人,在校生 10.60 万人,毕业生 3.20 万人,研究生教育招生 0.27 万人,在校生 0.78 万人,毕业生 0.23 万人,全市中等职业教育在校生达 6.66 万人(含技校);常州市普通高等学校 10 所,普通本专科在校学生 12.5 万人,中等职业学校(含技工学校)19 所,在校学生 6.1 万人,普通高中 36 所,在校学生 5.3 万人;镇江市普通高校 8 所,本专科招生 2.45 万人,在校学生 8.38 万人,毕业生 1.98 万人,研究生教育招生 4 314 人,在校生 12 093 人,毕业生 2 835 人,中等职业学校(不含技工学校)11 所,在校学生 1.89 万人,普通中学 111 所,在校学生 10.29 万人,毕业生 3.06 万人。表 4-4 中的估计结果显示,变量人口密度对地区投资具有明显正向影响,其系数估计值为 1.34,这与理论预期一致。这是由于在苏南城市群范围内,劳动力资源整体的素质较高,并且人口城市存在虹吸效应,人口密度所衡量的劳动力供给支持作用得到发挥。

4.2.2.3　运输条件改善影响苏南城市群产业集聚

根据工业区位集聚理论,企业在一个地方集聚与否可以看成是集聚力与分散力的博弈达到均衡的最终结果。其中,分散力对产业的集聚起到负的抑制作用,企业要在某个地方集聚,就必然要放弃其靠近消费地或原材料地的地理优势,从而造成运输成本的增加。因此,改善产业集聚所在地区的基础设施建设水平,降低企业运输成本,有利于产业集聚的发展。苏南城市群发达的基础设施水平对区域产业集聚产生正向影响。2018 年,苏州市公路总里程 12 174 千米,其中高速公路 598 千米,全市公路、水路客运量 2.98 亿人次,客运周转量 121.18 亿人千米,全市公路、水路货运量 1.62 亿吨,货物周转量 267.82 亿吨千米;镇江市公路客运

量 2 965 万人,铁路客运量 1 196 万人,公路货运量 8 058 万吨;常州市公路总里程
9 331 千米,其中高速公路 306 千米,全年公路客运量 4 087 万人,公路旅客周转
量 30.1 亿人千米,公路货运量 13 068 万吨,公路货物周转量 143.5 亿吨千米;无
锡市公路总里程 7 575.68 千米,其中高速公路 273.88 千米,全年完成客运量
8 445.77 万人次,完成货运量 18 639.80 万吨,完成港口吞吐量 23 240.08 万吨。
从本书的估计结果来看,变量人均道路面积对地区产业集聚具有显著的正向影
响,其系数估计值为 1.12,与理论预期结果相一致。

4.2.2.4 对外开放程度影响苏南城市群产业集聚

对外开放通过促进资本、技术和管理等自由流动,能够吸引大量国外和民间
资本的流入,外资企业和民营企业所具有的灵活经营方式,以及追求利润最大化
的经营目标,有利于资本向效率更高的地区流动,从而有利于产业集聚的形成和
发展。苏南城市群对外开放程度较高,开放型经济发展势头强劲。2018 年,无锡
市全年批准外资项目 434 个,新增协议注册外资 104.78 亿美元,到位注册外资
37.15 亿美元,战略性新兴产业利用外资占到位注册外资比重的 58.3%,全年完
成协议注册外资超 3 000 万美元的重大外资项目 59 个,全球财富 500 强企业中有
101 家在无锡市投资兴办了 197 家外资企业;苏州市全年新设外商投资项目
1 013 个,实际使用外资 45.2 亿美元,其中服务业实际使用外资占比达 43.7%,
新兴产业和高技术项目使用外资占比达 51.5%,全市具有地区总部特征或共享
功能的外资企业超 300 家;常州市全年实际使用外资 26.1 亿美元,其中产业类外
资占比 55.8%,十大产业链实际到账外资 9.1 亿美元,全年新增外资项目 356 个,
其中新设项目 225 个、增资项目 131 个,累计新签协议注册外资 51.2 亿美元,新
增总投资超亿美元项目 30 个,其中产业类项目 17 个;南京市全年吸收外商直接
投资新设立企业 439 家,新增合同利用外资(不含减资)98.22 亿美元,新批准总
投资净增资千万美元以上大项目 186 个,投资总额 190.61 亿美元,合同外资
82.47 亿美元,全年实际使用外资 38.53 亿美元,第一产业使用外资 0.07 亿美
元,第二产业使用外资 11.83 亿美元,第三产业使用外资 26.63 亿美元,全年开发
区合同利用外资 62.33 亿美元,占全市比重的 63.5%,开发区实际使用外资
28.35 亿美元,占全市比重的 73.6%。而表 4-4 的估计结果显示,变量对外开放
程度对地区投资的影响为正向,其系数估计值为 1.45,这是因为苏南城市群一直
坚持扩大开放,开放程度对产业集聚的影响作用较明显。

4.2.2.5　区域创新能力影响苏南城市群产业集聚

区域创新是在一定范围内,通过在生产体系中引入新要素,或者实现要素的新组合而形成的促进资源有效配置,创造新产品的手段和能力。政府和企业会通过扶植研发、引进人才政策促进企业内部的自主创新,同时吸引研究机构、服务机构等进驻来营造良好的创新环境,进而促进产业的集聚。因此,良好的创新环境应该与高度集聚的产业积极相对应。苏南五市科教文化优势明显,科技实力雄厚,教育资源丰富,劳动力素质较高,区域创新能力居全国前列。苏南城市群拥有70 多所高等院校和 530 多家科研机构,在校大学生超过 100 万人,两院院士 89人,国家"千人计划"人才 145 人,占全国的 10%,国家级大学科技园 10 个、重点实验室和工程中心 45 个,成立了国内首个"千人计划"创投中心。全社会研发投入593 亿元,占全国的 8.5%,占 GDP 的比重达到 2.5%,接近发达国家水平,专利授权量和发明专利申请量均占全国的 14%左右。[①] 表 4-4 的估计结果显示,变量区域创新能力对地区投资专业化水平具有一定的正向影响,其值为 1.62,与理论预期结果相一致,影响程度较显著,区域创新推动产业集聚的动力强劲。

4.2.3　结论与政策建议

4.2.3.1　结论

本书实证研究发现:

第一,从整体角度看:苏南城市群高度集聚的行业有制造业、住宿和餐饮业;较高程度集聚的行业有科学研究、技术服务和地质勘查业,信息传输、计算机服务和软件业;中度集聚的行业有批发和零售业,交通运输、仓储和邮政业,金融业,租赁和商务服务业,教育,文化、体育和娱乐业;低度集聚的行业有房地产业,水利、环境和公共设施管理业。

第二,从具体城市和行业看:制造业是苏南城市群产业的"重中之重";信息传输、计算机服务和软件业以及住宿和餐饮业整体优势明显;南京市和苏州市金融业发展良好,具有优势地位;南京市和苏州市房地产业集聚程度高,具有产业优势;南京和苏州科学研究、技术服务和地质勘查业集聚程度高,具有产业优势;南

---

① 张启祥.以苏南创新示范区带动城市群发展的思考[J].江南论坛,2016(1):4-6.

京市交通运输、仓储和邮政业集聚程度高,具有优势地位;无锡、常州和苏州市租赁和商务服务业集聚程度高,具有优势地位;镇江市批发和零售业集聚程度高,具有优势地位;苏南城市群农林牧渔业,采矿业,电力、燃气及水的生产和供应业等资源密集型产业集聚程度却不是很显著,发展平稳。

第三,从影响产业集聚的因素看:需求市场规模因素影响苏南城市群产业集聚;劳动力有效供给影响苏南城市群产业集聚;运输条件改善影响苏南城市群产业集聚;对外开放程度影响苏南城市群产业集聚;区域创新能力影响苏南城市群产业集聚。

4.2.3.2 政策建议

本书实证结果的政策含义如下:

第一,在产业分工方面,要充分发挥各地比较优势,构建更具国际竞争力的产业链空间分工体系。提升产业集群国际竞争力,既要考虑创新比较优势,也要考虑成本比较优势。因为中心城市一般有比较显著的创新比较优势,而中小城市一般更具成本比较优势,因此,苏南城市群的产业链空间分工,要立足于如何更好地发挥中心城市和中小城市的各自优势,协同发展。南京、苏州等中心城市要做大做强对创新和人才有更多依赖的产业链高端和新兴产业,同时在行业头部企业引领下,进一步把对用工和成本比较敏感的生产环节、配套企业更多扩散到中小城市。南京市发挥科教文化资源丰富、辐射带动中西部地区发展门户作用,重点创建"四大中心"为内核的国家创新型城市和国际软件名城;苏州市要凸显科技创新资源集聚、体制机制完善和苏州工业园区先行先试经验,全国重要的先进制造业创新创业宜居城市优势;无锡市重点建设全国重要的先进制造业、战略性新兴产业、创意设计基地、现代滨水花园城市和智慧城市。逐步形成以南京、苏州为核心,无锡、常州、镇江齐头并进,中小城市为纽带,小城镇为基础的产业分工体系,有效引导人口、产业和其他各类要素向重点地区集聚。

第二,建立和完善苏南城市群内公共服务提供的协调机制,提高城市群内公共资源的总体配置效率。要推动城市群各方切实打破"一亩三分地"的思维限制,努力创建城市群协同创新共同体、建设城市群创新平台、建立健全城市群创新体系、加快开放合作布局、系统推进全面创新改革试验,促使城市群公共服务一体化和基本公共服务均等化。

第三,增强内部互联互通,打造一体化城市群基础设施。基础设施一体化是苏南城市群产业发展的前提和基本条件,苏南城市群基础设施建设应按照市场经济发展规律的内在要求,加快推进区域设施一体化建设,其主要内容包括交通设施一体化建设,数字化、宽带化、综合化的信息系统基础设施一体化建设,环境基础设施一体化建设和城乡基础设施一体化建设等。通过苏南城市群基础设施一体化建设,全面增强城市群内部节点的联通性,形成网络化发展的格局,推进城市群核心城市与节点城市在基础设施建设、产业分工与协作和生产要素有效流动的共建共享,加强城乡互动,实现城市群产业集聚一体化发展。

第5章　苏南城市群产业结构与竞争力评价

　　产业结构是考察产业发展状况的重要维度,学术界通常采用产业结构合理化、高度化和竞争力等指标研判产业结构的优劣与演化趋势。国外对产业结构测度的方法一般有以下三种:一是通过建立"标准结构"与实际分析的问题进行比较。"标准结构"是收集众多国家产业结构演进的具体数据后,杨公朴等[①]通过建立模型统计分析,对样本国家影响和反映产业结构的主要因素进行回归分析得到的。库兹涅茨、钱纳里、赛尔奎因等人都提出过相关的"标准",这些"标准"常常被用来衡量某些特定国家的产业结构发展水平。二是相对比较判别方法。田新民等[②]在对一个产业结构水平进行判别时,用另一个相对标准的产业结构系统作为参照系来评价和判别。李军等[③]通过比较两个产业结构系统的相似程度,以两者的"接近程度"对产业结构水平进行衡量。三是经济发展阶段判别法。在理论和实践数据分析的基础上,将经济发展过程划分为若干个阶段,然后,根据比较国的经济特征,判别该国经济处于哪一个阶段,衡量相应的产业结构水平。科学测度苏南城市群产业结构合理化、高度化和竞争力发展水平,研判其影响因素,具有重要的实践价值。

---

　　① 杨公朴,干春晖.产业经济学[M].上海:复旦大学出版社,2005.

　　② 田新民,韩端.产业结构效应的度量与实证——以北京为案例的比较分析[J].经济学动态,2012(9):74-82.

　　③ 李军,孙彦彬.产业结构优化模型及其评价机制研究[M].广州:华南理工大学出版社,2009.

5.1　苏南城市群产业结构合理化评价

目前理论界普遍认为城市群是区域协调发展的主要形式,它们依托发达的交通等基础设施网络,形成了空间、人文、经济等各个方面的高度一体化和同城化,将会成为我国经济的重要增长极。[①] 对于城市群的发展而言,城市格局的变化其实就是产业格局的变化,产业格局调整永远是区域协调的核心主题,因此,对苏南城市群产业结构合理化的研究意义重大。

产业结构合理化是衡量产业结构发展水平的一个重要方面,目前我国学术界存在着产业结构合理化的各种不同定义。各种定义的差别体现了不同学者对产业结构合理化的不同见解。杨公朴、夏大慰[②]强调从各产业之间关联程度及效果的角度来认识和定义产业结构合理化。尹燕霞、耿嘉川[③]从政府的宏观调控的角度来看,认为产业结构合理化需要政府的调控来实现较高的经济效益和竞争力。苏东水[④]认为产业结构合理化是指产业与产业之间协调能力的加强和关联水平的提高,是动态的过程。干春晖等[⑤]认为产业结构合理化是指产业间的协调程度和资源有效利用程度,是衡量要素投入结构与产出结构耦合程度的重要指标。综上,产业结构合理化,在静态上是产业结构的有序协调状态,在动态上是对失衡的产业结构进行调整。

5.1.1　评价方法

学术界通常采用结构偏离度衡量产业结构合理化水平。计算公式为:

$$E = \sum_{i}^{n} \left| \frac{Y_i / L_i}{\frac{Y}{L}} - 1 \right| \tag{5.1}$$

式中,E 表示产业结构偏离度,Y 表示产值,L 表示就业,n 表示产业部门数,i 表示三次产业。为了将产业的相对重要性纳入分析框架,同时简化计算绝对值的

① 陈柳钦. 新的区域经济增长极:城市群[J]. 福建行政学院学报,2008(4):74-79.
② 杨公朴,夏大慰. 产业经济学教程(修订版)[M]. 上海:上海财经大学出版社,2002.
③ 尹燕霞,耿嘉川. 关于山东产业结构合理化问题的探讨[J]. 东岳论丛,2000(5):51-53.
④ 苏东水. 产业经济学[M]. 北京:高等教育出版社,2005.
⑤ 干春晖,郑若谷,余典范. 中国产业结构变迁对经济增长和波动的影响[J]. 经济研究,2011,46(5):4-16,31.

步骤,本书借鉴干春晖等的处理方法,引入泰尔指数对公式 5.1 进行改进。改进后的公式 5.2 为:

$$TL = \sum_{i=1}^{n} \left(\frac{Y_i}{Y}\right) \ln\left(\frac{\dfrac{Y_i}{Y}}{\dfrac{L_i}{L}}\right) \tag{5.2}$$

当 TL 为 0 时,产业结构达到均衡状态,测度结果数值越小,产业结构与均衡状态之间的偏离度越小,产业结构合理化水平越高。通过分别测度全国、江苏省、上海、杭州和苏南城市群五市的产业结构合理化水平,可以研判苏南城市群产业结构合理化水平的动态演变特征。

5.1.2　数据来源

本书选取 2012—2018 年全国、江苏省、上海市、杭州市、南京市、镇江市、常州市、无锡市、苏州市地区生产总值、三次产业就业人数、三次产业增加值测算产业结构合理化水平。考虑到各省(区、市)价格水平存在差异,采用 GDP 指数将生产总值平减为以 2012 年为基期的实际值,以此消除价格因素影响。相关数据来源于《中国统计年鉴》(2013—2019)以及江苏省、上海市、杭州市、北京市、广州市、深圳市、南京市、镇江市、常州市、无锡市、苏州市统计年鉴(2013—2019)。

5.1.3　计算结果分析

利用公式 5.2 测算 2012—2018 年全国及苏南城市群五市产业结构合理化水平及与其他城市的比较,结果如表 5-1 和表 5-2 所示。

表 5-1　2012—2018 年全国及各地区产业结构合理化水平评价结果

地区	2012	2013	2014	2015	2016	2017	2018
全国	0.165	0.144	0.129	0.118	0.117	0.122	0.128
江苏	0.084	0.085	0.081	0.075	0.075	0.073	0.07
浙江	0.059	0.056	0.057	0.058	0.051	0.053	0.052
上海	0.024	0.021	0.018	0.021	0.025	0.021	0.021
安徽	0.369	0.329	0.285	0.188	0.145	0.128	0.093
苏南城市群	0.028	0.03	0.032	0.034	0.036	0.035	0.035

从表 5-1 可以看出：

第一，全国范围内，2012—2018 年全国、江苏、浙江、上海、安徽地区产业结构合理化水平呈逐步上升趋势。在研究期间内，全国产业结构合理化水平由 0.165 提升至 0.128，累计提升 22.4%；江苏地区产业结构合理化水平由 0.084 提升至 0.07，累计提升 16.7%；浙江地区产业结构合理化水平由 0.059 提升至 0.052，累计提升 11.9%；上海地区产业结构合理化水平由 0.024 提升至 0.021，累计提升 12.5%；安徽地区产业结构合理化水平由 0.369 提升至 0.093，累计提升 74.8%。具体来看：2018 年，全国国内生产总值 900 309 亿元，比上年增长 6.6%。其中，第一产业增加值 64 734 亿元，增长 3.5%；第二产业增加值 366 001 亿元，增长 5.8%；第三产业增加值 469 575 亿元，增长 7.6%。第一产业增加值占国内生产总值的比重为 7.2%，第二产业增加值比重为 40.7%，第三产业增加值比重为 52.2%。2018 年，江苏省第一产业增加值 4 141.7 亿元，增长 1.8%；第二产业增加值 41 248.5 亿元，增长 5.8%；第三产业增加值 47 205.2 亿元，增长 7.9%。第一产业就业人口 764.9 万人，第二产业就业人口 2 033.4 万人，第三产业就业人口 1 952.6 万人。2018 年，安徽省第一产业增加值 2 638.01 亿元，增长 3.2%；第二产业增加值 13 842.09 亿元，增长 8.5%；第三产业增加值 13 526.72 亿元，增长 8.6%。三次产业结构由上年的 9.6∶47.5∶42.9 调整为 8.8∶46.1∶45.1。安徽省第一产业 1 353.6 万人，减少 9.7 万人；第二产业 1 263.3 万人，增加 3.8 万人；第三产业 1 768.4 万人，增加 13.3 万人。2018 年，浙江省全年地区生产总值（GDP）56 197 亿元，比上年增长 7.1%。其中，第一产业增加值 1 967 亿元，第二产业增加值 23 506 亿元，第三产业增加值 30 724 亿元，分别增长 1.9%、6.7% 和 7.8%，第三产业对 GDP 增长的贡献率为 56.2%。三次产业增加值结构由上年的 3.7∶43.0∶53.3 调整为 3.5∶41.8∶54.7。

第二，苏南城市群产业结构合理化水平高于同期的全国、江苏、安徽、浙江等地区水平，但低于上海同期水平。2012 年，苏南城市群产业结构合理化水平为 0.028，远高于全国产业结构合理化水平 0.165、江苏产业结构合理化水平 0.084、浙江产业结构合理化水平 0.059、安徽产业结构合理化水平 0.369，略低于上海产业结构合理化水平 0.024。在随后几年中，全国、江苏、浙江、安徽等地区的产业结构合理化水平不断提升，与苏南城市群产业结构合理化水平的差距越来越小；而苏南城市群产业结构合理化水平与上海地区产业结构合理化水平的差距却在扩大。2018 年，苏南城市群产业结构合理化水平为 0.035，上海地区产业结构合理化水平为 0.021,两者差距较 2012 年扩大了。

第三,在研究期间内,苏南城市群产业结构合理化水平呈下降趋势。苏南城市群产业结构合理化水平由 0.028 下降至 0.035,累计降低了 25%。

表 5-2 2012—2018 年苏南五市及国内代表性城市产业结构合理化水平评价结果

地区	2012	2013	2014	2015	2016	2017	2018
北京	0.031	0.028	0.027	0.026	0.029	0.029	0.028
上海	0.024	0.021	0.018	0.021	0.025	0.021	0.021
杭州	0.041	0.041	0.043	0.045	0.044	0.048	0.038
广州	0.031	0.053	0.0533	0.054	0.057	0.056	0.052
南京	0.064	0.061	0.055	0.053	0.049	0.043	0.043
镇江	0.047	0.048	0.045	0.041	0.041	0.039	0.041
常州	0.044	0.055	0.056	0.059	0.061	0.058	0.061
无锡	0.02	0.02	0.025	0.025	0.033	0.032	0.032
苏州	0.015	0.029	0.034	0.037	0.046	0.044	0.038

从表 5-2 可以看出:

第一,从总体变化趋势看,北京、上海、杭州、南京、镇江五市的产业结构合理化水平呈上升趋势,广州、常州、无锡、苏州四市的产业结构合理化水平呈下降趋势。在研究期间内,北京市产业结构合理化水平由 0.031 上升至 0.028,累计提升 9.7%;上海市产业结构合理化水平由 0.024 上升至 0.021,累计提升 12.5%;杭州市产业结构合理化水平由 0.041 上升至 0.038,累计提升 7.3%;南京市产业结构合理化水平由 0.064 上升至 0.043,累计提升 32.8%;镇江产业结构合理化水平由 0.047 上升至 0.041,累计提升 12.8%;广州产业结构合理化水平由 0.031 下降至 0.052,累计降幅为 67.7%;常州产业结构合理化水平由 0.044 下降至 0.061,累计降幅为 38.6%;无锡产业结构合理化水平由 0.02 下降至 0.032,累计降幅为 60%;苏州产业结构合理化水平由 0.015 下降至 0.038,累计降幅为 153%。

第二,从城市排名看,2018 年产业结构合理化水平排名为上海＞北京＞无锡＞杭州＝苏州＞镇江＞南京＞广州＞常州,其中苏南城市群中产业结构合理化水平最高的无锡市为 0.032,而上海市产业结构合理化水平为 0.021。由此可见,苏南各城市与北京、上海等发达城市相比较,产业结构合理化水平还有较大的差距。

　　第三,苏南城市群内部各城市产业结构合理化水平存在一定差异。2018 年,苏南城市群各城市产业合理化水平测度值最小的是无锡市(0.032),测度值最大的城市是常州市(0.061),各市之间存在一定差异。

5.2　苏南城市群产业结构高度化评价

从动态的角度看,一个经济体的产业结构变迁既可以通过优化资源配置获得产业结构合理化,又可以推动产业形态从低级向高级演变以实现产业结构高级化[①],即产业结构变迁具有两个维度:产业结构合理化和产业结构高级化。产业结构合理化使得产业发展能够更好地与自身的要素禀赋相结合,提高专业生产的效率和多元化,可以增强与国外产业的依存度,吸收先进产业并转移落后产业,推动产业在国际间的有机融合,促进国民经济各产业的协调发展。同时,以服务业为主的产业结构高级化将会提高产品的附加价值,促进产业链的进一步延伸,对关联产业形成更强的辐射效应,使得产业价值链在全球范围内进一步拓宽,带动产业结构的全面升级。[②] 国内学者对于产业结构高度化的研究也已形成了若干成果,这些研究成果主要是从不同的角度、运用不同的处理方法提供了衡量产业结构高度化的直观测度指标、评价角度。周振华[③]认为,产业结构的高度化是指产业结构从较低水准向高水准的发展过程,它可以用第二、三产业的比重、资金与技术知识密集型产业的比重以及中间产品与最终产品产业的比重来测度。潘文卿等[④]提出了以产业结构关联经济技术矩阵为基础的"产业结构高度化与合理化水平"的定量测算综合性衡量指标。白雪梅等[⑤]提出用范数作为描述地区产业结构的指标,并通过增加一定的权数,对范数指标进行了修正,变多值映射为单值映射。宋锦剑[⑥]构建了产业结构高度化程度的指标体系,认为产业结构高度化主要表现为:三次产业结构比例的变化、工业结构中霍夫曼比例的降低及主导产业部门的循环更替、技术密集型和智力信息型产业的比重增大、各产业部门技术构成的提高、新兴产业的成长及夕阳产业的衰退、产业结构更新周期的缩短、环保产业

①　干春晖,郑若谷,余典范.中国产业结构变迁对经济增长和波动的影响[J].经济研究,2011,46(5):4－16,31.

②　李洪亚.产业结构变迁与中国 OFDI:2003—2014 年[J].数量经济技术经济研究,2016,33(10):76－93.

③　周振华.证券市场与产业结构调整[J].财经科学,1992(12):9－13,64.

④　潘文卿,陈水源.产业结构高度化与合理化水平的定量测算——兼评甘肃产业结构优化程度[J].开发研究,1994(1):42－44.

⑤　白雪梅,赵松山.浅议地区间产业结构差异的测度指标[J].江苏统计,1995(12):17－20.

⑥　宋锦剑.论产业结构优化升级的测度问题[J].当代经济科学,2000,22(3):92－97.

的扩大等。陈静等[①]认为,产业结构的优化意味着产业结构的合理化和高度化,它主要体现在产业的高附加值化。产业结构高度化是指产业结构从低级状态向高级状态的发展过程,高度化标志着一国或地区经济发展水平的高低和发展阶段及方向。产业结构高度化是对原有产业结构的扬弃,表现为由第一产业占优势逐渐向第二、三产业占优势转换,产业结构发展由劳动密集型产业、资本密集型产业、技术(知识)密集型产业顺次转换,由低附加值产业向高附加值产业转变,由制造初级产品的产业占优势向制造中间产品、最终产品占优势的产业转换。[②] 传统产业为了维持其发展,不断进行高新技术改造,提高技术含量,这说明产业结构优化是以技术创新为前提的。一个国家或地区产业结构的高度化,只有当其科学技术水平较高、经济发展到较高阶段、基础设施较完善、原材料工业较发达时才可能实现。对产业结构高度化进行评价时,通常采用的方法有国际标准法、相似性系数法、高新技术产业比重法等。围绕产业结构对经济增长的影响,学者们进行了诸多有益的探讨。Eichengreen 等[③]通过研究世界各国的经济发展历程,提出产业结构调整对经济增长的影响效果呈现先增后减的趋势。国内学者的研究也表明:产业结构高级化发展到一定水平后会产生结构性减速现象[④];产业结构服务化已经使得东部地区出现经济效率提升乏力的现象,尤其是在北京、上海等经济发达的城市,有必要放慢产业结构服务化的进程[⑤];中国的产业结构调整正经历结构性减速阶段,经济增长速度下降明显[⑥];中国过早地实行了去工业化,一味地强调发展服务业并不利于中国经济增长,加大了落入中等收入陷阱的风险。[⑦]

---

① 陈静,叶文振.产业结构优化水平的度量及其影响因素分析——兼论福建产业结构优化的战略选择[J].中共福建省党校学报,2003(1):44−49.

② 李兰冰.区域产业结构优化升级研究[M].北京:经济科学出版社,2015.

③ Eichengreen B, Park D, Shin K. When Fast Growing Economies Slow Down: International Evidence and Implications for China[J]. Asian Economic Papers, 2012,11(1):42−87.

④ 吕健.产业结构调整、结构性减速与经济增长分化[J].中国工业经济,2012(9):31−43.
于斌斌.产业结构调整与生产率提升的经济增长效应:基于中国城市动态空间面板模型的分析[J].中国工业经济,2015(12):83−98.

⑤ 中国经济增长前沿课题组.中国经济长期增长路径、效率与潜在增长水平[J].经济研究,2012(11):4−17,75.

⑥ 韩永辉,黄亮雄,邹建华.中国经济结构性减速时代的来临[J].统计研究,2016,33(5):23−33.

⑦ 黄群慧,黄阳华,贺俊,等.面向中上等收入阶段的中国工业化战略研究[J].中国社会科学,2017(12):94−116.
王文,孙早.产业结构转型升级意味着去工业化吗[J].经济学家,2017(3):55−62.

5.2.1　评价方法

本书借鉴李洪亚[①]的方法,主要采用第三产业增加值与第二产业增加值之比作为产业结构高级化的度量,这一度量能够清楚地反映出经济结构的服务化的倾向,预示着产业结构向"服务化"的方向发展。在信息化推动下的现代经济结构中,服务化是产业结构升级的一种重要特征,因此,这一度量是产业结构高级化的较好指标。TS 值增大,则意味着经济在向服务化的方向推进,产业结构实现升级。具体公式如下:

$$TS_{it} = Y3_{it}/Y2_{it} \tag{5.3}$$

式 5.3 中,i、t 分别表示区域、产业部门,TS_{it} 为第 t 年 i 区域产业结构高度化水平测度值,$Y3_{it}$ 为第 t 年 i 区域第三产业的增加值,$Y2_{it}$ 为第 t 年 i 区域第二产业的增加值。通过分别测度全国、江苏省、上海、杭州和苏南五市的产业结构高度化水平,考察苏南城市群产业结构高度化水平的动态演变规律。

5.2.2　数据来源

本书选取 2012—2018 年全国、江苏省、安徽省、浙江省、上海市、杭州市、深圳市、广州市、南京市、镇江市、常州市、无锡市、苏州市地区第二产业增加值和第三产业增加值。相关数据来源于《中国统计年鉴》(2013—2019)以及江苏省、安徽省、浙江省、上海市、杭州市、深圳市、广州市、南京市、镇江市、常州市、无锡市、苏州市统计年鉴(2013—2019)。

---

① 李洪亚.产业结构变迁与中国 OFDI:2003—2014 年[J].数量经济技术经济研究,2016,33(10):76-93.

5.2.3 计算结果分析

表 5-3 2012—2018 年苏南五市及国内代表性城市产业结构高度化水平评价结果

地区	2012	2013	2014	2015	2016	2017	2018
全国	1	1.06	1.11	1.23	1.29	1.27	1.28
苏南	0.89	0.93	1.02	1.07	1.15	1.17	1.18
江苏	0.85	0.92	0.97	1.04	1.12	1.12	1.15
浙江	0.95	0.99	1	1.08	1.13	1.24	1.31
安徽	0.853	0.854	0.853	0.846	0.849	0.85	0.843
北京	3.49	3.59	3.66	4.05	4.16	4.24	4.35
上海	1.53	1.71	1.84	2.09	2.34	2.26	2.35
杭州	1.07	1.11	1.32	1.5	1.7	1.8	1.9
广州	1.8	1.88	1.92	2.08	2.31	2.54	2.63
深圳	1.2	1.25	1.28	1.35	1.42	1.41	1.43
南京	1.14	1.27	1.36	1.42	1.48	1.57	1.66
镇江	0.7	0.82	0.89	0.93	0.95	0.96	0.98
常州	0.73	0.82	0.94	1	1.08	1.09	1.11
无锡	0.85	0.86	0.94	0.96	1.07	1.09	1.07
苏州	0.71	0.87	0.94	1	1.08	1.08	1.06

从表 5-3 可以看出：

第一，从整体上看，在研究期限内，苏南城市群产业结构高度化水平呈上升趋势，略高于江苏省和安徽省水平，略低于全国水平和浙江省水平，但增速高于全国增速。苏南城市群产业结构高度化水平由 2012 年的 0.89 上升至 2018 年的 1.18，产业结构从 2014 年开始，由"二三一"调整为"三二一"。具体来看，苏南城市群是我国创新型企业最密集的地区之一，正在积极推进从"苏南制造"向"苏南创造"的转变。2013 年，苏南五市以 0.29% 的土地面积创造了全国 6.4% 的经济总量、6.7% 的工业利润，人均地区生产总值超过 1.9 万美元，是全国平均水平的 2.6 倍。江苏能成为全国第一工业大省，主要在于苏南城市群具有先进制造业。计算机、通信和其他电子设备制造业和化学纤维制造业主要分布在苏南地区，且最主要的产地位于苏州市。苏州市是华东地区笔记本电脑的主要产地,其笔记本产量曾在全世界排名第一。苏州市 2016 年该行业产值为 9 947.91 亿元,占全省的比重为 51.81%。苏州市同时是江苏省化学纤维制造业的第一产地,截至 2015 年底苏州市共有 1 546 家化纤企业,2016 年产值规模达到了 1 040.51 亿元,占全省该产业比重的 36.5%,无锡与南通市产值分别位于江苏省第二、三位。2018 年,浙江省以新产业、新业态、新模式为主要特征的"三新"经济增加值占 GDP 的 24.9%,数字经济核心产业增加值 5548 亿元。在规模以上工业中,数字经济核心产业、文化、节能环保、健康产品、高端装备、时尚制造业增加值分别增长 11.8%、4.4%、7.2%、8.0%、9.2% 和 9.7%;高技术、高新技术、装备制造、战略性新兴产业增加值分别增长 13.7%、9.4%、10.0%、11.5%,占比分别为 12.8%、51.3%、40.7% 和 29.6%。在战略性新兴产业中,新一代信息技术和物联网、海洋新兴产业、生物产业增加值分别增长 19.9%、10.1% 和 11.8%。规模以上工业新产品产值率为 36.4%,比上年提高 1.9 个百分点。碳纤维增强复合材料、光纤、太阳能电池、城市轨道车辆、新能源汽车、智能手机、智能电视、工业机器人等产量快速增长。

第二,从苏南城市群内部看,五市产业结构高度化水平均呈现上升趋势,但存在较大差异。在研究期限内,南京市产业结构高度化水平由 1.14 上升至 1.66,镇江市产业结构高度化水平由 0.7 上升至 0.98,常州市产业结构高度化水平由 0.73 上升至 1.11,无锡市产业结构高度化水平由 0.85 上升至 1.07,苏州市产业结构高度化水平由 0.71 上升至 1.06。苏南城市群产业集群各有特点,南京市发挥科教文化资源丰富、辐射带动中西部地区发展的门户作用,以"四大中心"为内核的国家创新型城市和国际软件名城可谓亮点所在。2018 年,南京实现地区生产总值 12 820.40 亿元,比上年增长 8.0%。第一产业增加值 273.42 亿元,比上年增长 0.6%;第二产业增加值 4 721.61 亿元,增长 6.5%;第三产业增加值 7 825.37 亿元,增长 9.1%。重点打造人工智能、集成电路、新能源汽车等产业地标,加快推动"两钢两化"企业转型,三次产业增加值比例调整为 2.1∶36.9∶61.0,服务业增加值占 GDP 比重比上年提高 1.3 个百分点。苏州市在科技创新资源集聚、体制机制完善和苏州工业园区先行先试经验、全国重要的先进制造业创新创业宜居城市方面全国领先。2018 年,苏州实现地区生产总值 1.85 万亿元,全市服务业增加值占地区生产总值比重达到 50.8%;实现制造业新兴产业产值 1.73 万亿元,占规模以上工业总产值比重达 52.4%,比上年提高 1.6 个百分点;先导产业加快发展,新一代信息技术、生物医药、纳米技术、人工智能四大先导产业产值占规模以上工业总产值比重达 15.7%,成为首批国家服务型制造示范城市。无锡市仍是全国重要的先进制造业、战略性新兴产业、创意设计基地,现代滨水花园城市和智慧城市优势明显。2018 年,实现地区生产总值 11 438.62 亿元,按可比价格计算,比上年增长 7.4%,按常住人口计算人均生产总值达到 17.43 万元。全市实现第一产业增加值 125.07 亿元,比上年下降 0.3%;第二产业增加值 5 464.01 亿元,比上年增长 8.0%;第三产业增加值 5 849.54 亿元,比上年增长 7.1%。三次产业比例调整为 1.1∶47.8∶51.1。常州市产业基础较好,是全国重要的智能制造装备、新材料产业基地,成为智能装备制造名城和智慧城市蓄势待发。2018 年,常州市全市地区生产总值(GDP)突破 7 000 亿元,达到 7 050.3 亿元,按可比价计算增长 7%。分别从三次产业看,第一产业实现增加值 156.3 亿元,下降 1.0%;第二产业实现增加值 3263.3 亿元,增长 6.2%;第三产业实现增加值 3 630.7 亿元,增长 8.1%。三次产业增加值比例调整为 2.2∶46.3∶51.5。新一代信息技术产业链增长 35.3%、新能源汽车及汽车核心零部件产业链增长 24.2%、智能制造装备产业链增长 19.8%、新医药及生物技术产业链增长 18.2%、轨道交通产业链增长 17.2%。镇江市是重要的高端装备制造、新材料产业基地和技术研发基地,后来居上。[①] 2018 年,镇江实现地区生产总值 4 050 亿元,按可比价计算增长 3.1%,其中第一产业增加值 138.40 亿元,下降 4.2%;第二产业增加值 1 976.60 亿元,增长 3.0%;第三产业增加值 1 935.00 亿元,增长 3.7%。人均地区生产总值 126 906 元,增长 2.9%。产业结构继续优化,三次产业增加值比例调整为 3.4∶48.8∶47.8,服务业增加值占 GDP 比重提高 0.7 个百分点。

第三,与全国先进城市相比,苏南城市群产业结构高度化水平仍有差距。在研究期限内,北京产业结构高度化水平由 3.49 上升到 4.35,上海产业结构高度化水平由 1.53 上升到 2.35,杭州产业结构高度化水平由 1.07 上升到 1.9,广州产业结构高度化水平由 1.8 上升到 2.63,深圳产业结构高度化水平由 1.2 上升到 1.43。2018 年,北京、上海、杭州、广州四市的产业结构高度化水平均高于苏南五市,深圳市产业结构高度化水平略低于南京,但高于苏州、无锡、常州、镇江四市。具体来看,2018 年,北京市规模以上工业中,高技术制造业、战略性新兴产业增加值分别比上年增长 13.9%和 7.8%,均高于规模以上工业增加值增速,北京工业

---

① 张启祥.以苏南创新示范区带动城市群发展的思考[J].江南论坛,2016(1):4-6.

正在向"高精尖"迈进;服务业增加值比上年增长 7.3%,高于地区生产总值增速 0.7 个百分点,对经济增长的贡献率达到 87.9%。其中,金融、科技、信息等优势行业占地区生产总值的比重超 4 成,贡献率合计近 7 成。① 2018 年,实现上海市生产总值(GDP) 32 679.87 亿元,比上年增长 6.6%。其中,第一产业增加值 104.37 亿元,下降 6.9%;第二产业增加值 9 732.54 亿元,增长 1.8%;第三产业增加值 22 842.96 亿元,增长 8.7%,第三产业增加值占上海市生产总值的比重为 69.9%,比上年提高 0.7 个百分点。② 2018 年,广州市实现地区生产总值 22 859.35 亿元,按可比价格计算,比上年(下同)增长 6.2%。其中,第一产业增加值 223.44 亿元,增长 2.5%;第二产业增加值 6 234.07 亿元,增长 5.4%;第三产业增加值 16 401.84 亿元,增长 6.6%。第一、二、三产业增加值的比例为 0.98∶27.27∶71.75。第二、三产业对经济增长的贡献率分别为 26.6% 和 73.0%。③ 2018 年,杭州地区生产总值 13 509 亿元,比上年增长 6.7%。其中第一产业增加值 306 亿元,第二产业增加值 4 572 亿元,第三产业增加值 8 632 亿元,分别增长 1.8%、5.8% 和 7.5%。三次产业结构由上年的 2.5∶34.6∶62.9 调整为 2.3∶33.8∶63.9。数字经济核心产业增加值 3 356 亿元,增长 15.0%,占 GDP 的 24.8%。电子商务产业增加值 1 529 亿元,增长 17.5%;软件与信息服务产业 2 508 亿元,增长 17.0%;数字内容产业 2 098 亿元,增长 15.8%。④ 2018 年,深圳市实现地区生产总值 24 221.98 亿元,比上年增长 7.6%。其中,第一产业增加值 22.09 亿元,增长 3.9%;第二产业增加值 9 961.95 亿元,增长 9.3%;第三产业增加值 14 237.94 亿元,增长 6.4%。第一产业增加值占全市地区生产总值的比重为 0.1%,第二产业增加值比重为 41.1%,第三产业增加值比重为 58.8%。在现代产业中,现代服务业增加值 10 090.59 亿元,增长 7.1%;先进制造业增加值 6 564.83 亿元,增长 12.0%;高技术制造业增加值 6 131.20 亿元,增长 13.3%。在四大支柱产业中,金融业增加值 3 067.21 亿元,比上年增长 3.6%;物流业增加值 2 541.58 亿元,增长 9.4%;文化及相关产业(规模以上)增加值 1 560.52 亿元,增长 6.3%;高新技

---

① 数据来源:北京市 2018 年国民经济和社会发展统计公报。https://baijiahao.baidu.com/s? id=1628476825719356833.

② 数据来源:2018 年上海市国民经济和社会发展统计公报。http://www.shanghai.gov.cn/nw2/nw2314/nw2318/nw26434/u21aw1388491.html.

③ 数据来源:广州市 2018 年国民经济和社会发展统计公报。http://www.tjcn.org/tjgb/19gd/35890.html.

④ 数据来源:2018 年杭州市国民经济和社会发展统计公报。http://www.hangzhou.gov.cn/art/2019/3/4/art_805865_30593279.html.

术产业增加值 8 296.63 亿元,增长 12.7%。[①]

基于已有的实证分析可以得出,从全国来看,苏南城市群产业结构合理化、高度化水平均呈逐步上升趋势且上升空间较大。产业结构变迁是驱动城市群空间向外扩张的核心力量。大力推动二三产业的发展以实现产业结构高级化,努力改善各产业的和谐配比与聚合关系以提升产业结构合理化,是当前苏南城市群空间可持续成长的重要途径。当然,苏南城市群在产业结构优化进程中还需注意以下两点:第一,不同城市的产业政策应立足于本地实际,避免过度强调产业结构的高级化过程。对于产业发展相对成熟、不同产业发展布局合理的城市,可以将产业结构高级化作为制定产业政策的重要内容,加快走向全国甚至全球价值链高端的步伐。而对于产业结构合理化程度还较低的城市,如果片面追求第三产业的快速发展,并不能实现其促进经济发展的初衷,甚至有损于经济的长期发展,因而其现阶段的产业政策应该将重心放在产业结构的合理化上,进而再有序积极推进产业结构的高级化。第二,新常态下产业结构的转型升级应该遵从资源优化配置的基本原则,让产业结构高级化成为产业升级的自然过程,不把第三产业占比快速提高作为产业结构升级的衡量标准。一方面,要深入推进“中国制造 2025”的建设步伐,为服务业的发展提供坚实的基础;另一方面,要大力发展生产性服务业,鼓励服务业创新,为工业的发展提供一定的技术服务。此外,还要注意不能追求金融业的过度发展,需切实提高金融服务实体经济发展的效果。

[①] 数据来源:深圳市 2018 年国民经济和社会发展统计公报。http://www.tjcn.org/tjgb/19gd/35973.html.

5.3 苏南城市群产业竞争力评价

区域产业竞争力处于国家竞争力和企业竞争力的中间层次,是一个国家或地区综合竞争力在各个产业中的具体体现。[①] 其本质是指在一国内部各区域之间的竞争中,特定区域的特定产业在国内市场上的表现或地位。[②] 区域产业竞争力主要包括区域产业结构竞争力和区域内各特定产业的竞争力两个方面。[③] 产业竞争力评价方法有多指标评价法、主成分分析法、聚类分析法、层次分析法、数据包络分析法、偏离份额分析法、相似系数和区位商等多种方法[④],各有所长。有的学者采用多种方法对区域产业竞争力进行综合研究。[⑤] 偏离—份额分析方法在研究区域产业竞争力中得到了广泛应用[⑥],并可以从产业结构综合竞争力和各产业竞争力进行深入分析。

偏离—份额分析法(Shift-Share Analysis,SSA)由美国学者 Daniel 和 Creamer 首先提出,后经 Dunn 等学者总结并逐步完善。[⑦] 该方法以研究所在大区(或全国)的经济发展为参照系,将区域经济增长分解为三个分量:参照区域分量(或国家分量)、产业结构分量和竞争力分量。传统的偏离—份额分析法是相对静态的,无法揭示考察期内各时间分段对总体变化的贡献与影响,以及时间维度的变化趋势。[⑧] 为了更好地揭示苏南城市群产业结构变化的规律和影响因素,确定优化产业结构的对策,本书引入动态偏离—份额分析模型来分析苏南城市群的产业结构。

---

① 刘炳辉,李晓青.海峡西岸经济区产业竞争力实证研究[J].统计研究,2007,24(12):18-21.

② 陈红儿,陈刚.区域产业竞争力评价模型与案例分析[J].中国软科学,2002(1):99-104.

③ 杜龙政,常茗.中国十大城市群产业结构及产业竞争力比较研究[J].地域研究与开发,2015(1):50-54.

④ 邓立治,许彬,何维达.中国产业竞争力评价研究现状及展望[J].科技管理研究,2015(12):50-55.
王桂玲,杨德刚,闫海龙,等.中心城市发展与城市群产业整合发展研究——以乌昌石城市群为例[J].干旱区研究,2016,33(2):434-440.

⑤ 孙东琪.苏鲁两省产业竞争力模式比较及其竞争路径研究[J].经济地理,2013,33(2):128-134.

⑥ 马国腾.基于偏离—份额分析法的京津冀制造业竞争力分析[J].经济与管理,2009,23(5):69-72.
刘振灵.偏离—份额模型的改进及对辽宁中部城市群产业结构演进的分析[J].软科学,2009,23(10):95-100.

⑦ Dunn E S. A Statistical and Analytical Technique for Regional Analysis [J]. Papers of Regional Science Association,1960(6):97-112.

⑧ 袁晓玲,张宝山,杨万平.动态偏离—份额分析法在区域经济中的应用[J].经济经纬,2008(1):55-58.

5.3.1　基本原理

偏离—份额分析法把区域经济的变化看作动态过程,以其上层区域或整个国家的经济发展作为参照系,将区域自身经济总量在特定时间段的变动分解为份额分量、结构偏离分量和竞争力偏离分量,据此说明区域经济变化的原因,判断区域产业结构的合理程度和竞争力强弱,确定调整优化产业结构的方向。

5.3.2　模型设定

本书运用偏离—份额法分析区域产业结构和区域产业竞争力,建立以下模型:区域经济增长(G)可以分解为地区增长份额(N)、结构偏离份额(P)和竞争力偏离份额(D)三个部分。影响地区偏离的因素包括结构因素和区位因素,当结构偏离份额(P)为正(负)时,说明区域产业结构较好(较差);当区位偏离分量为正(负)时,说明区域产业竞争力较好(较差);两者相加可得到研究区域产业结构的总偏离程度。

（1）地区增长份额(N)。地区增长份额分量表示研究区域某类产业的标准区分量,为假定该区域这一产业在某一时期以标准区总增长率增长而得到的增长量。

计算公式为:

$$N = \Sigma h_{i0} R \tag{5.4}$$

式 5.4 中:N 为假定研究区域某类产业按所在标准区域(全国)该产业的增长率增长而取得的增长份额;h_{i0} 为研究区域第 i 种产业的基期值;R 为标准区域(全国)在($0,t$)时间段所有产业的总增长率,$R = (H_t - H_0)/H_0$。

（2）结构偏离份额(P)。结构偏离份额是指在某一时期,标准区(全国)第 i 种产业的增长率与标准区(全国)所有产业的增长率之差同研究区域第 i 种产业基期水平的乘积,主要说明研究区域第 i 种产业随标准区第 i 种产业变化的情况。

计算公式为:

$$P = \Sigma h_{i0} (R_i - R) \tag{5.5}$$

式 5.5 中:P 为研究区域产业与标准区域(省域)产业的增长额之差,研究区域的增长额指研究区域按照标准区域第 i 种产业增长率计算的增长额,标准区域

（省域）的增长额指按照产业增长率所实现的增长额，R_i 为标准区域（全国）在 $(0,t)$ 时间段第 i 种产业的增长率，$R_i=(H_{it}-H_{i0})/H_{i0}$。

（3）竞争力偏离份额（D）。竞争力偏离份额反映了研究区域与标准区域相比，在产业发展方面具有的竞争优势或竞争劣势，反映的是区位条件和区域竞争力对区域产业增长的作用。

计算公式为：

$$D=\Sigma h_{i0}(r_i-R_i) \tag{5.6}$$

式 5.6 为研究区域第 i 种产业按照其实际增长率增加所取得的增长额与按标准区域（省域）同一种类产业增长率增长所取得的增长额之差，r_i 为研究区域在 $(0,t)$ 时间段第 i 种产业的实际增长率，$r_i=(h_{it}-h_{i0})/h_{i0}$。

三个部分的关系式如下：

$$G=N+P+D=\Sigma h_{i0}R+\Sigma h_{i0}(R_i-R)+\Sigma h_{i0}(r_i-R_i) \tag{5.7}$$

5.3.3　数据处理与结果分析

5.3.3.1　总量分析

本书运用偏离—份额法分别以 2011 年、2015 年作为基期，2014 年、2018 年作为报告期，编制两个时期的苏南城市群偏离—份额表，并做比较分析（见表 5-4、表 5-5）。

表 5-4　苏南城市群经济增长偏离份额分析表　　　　单位：亿元

地区	第 I 期（2011—2014 年）				
	G	N	P	D	$P+D$
南京	3 765.85	1 899.42	38.44	1 827.99	1 866.43
镇江	1 376.81	737.01	−19.63	560.43	540.8
常州	1 898.47	1 128.52	−24.2	794.15	769.95
无锡	2 161.61	2 109.48	−34.19	86.32	52.13
苏州	4 607.2	3 418.7	−71.8	1 372.9	1 301.1

续表 5 - 4

地区	第 II 期(2015—2018 年)				
	G	N	P	D	$P+D$
南京	3 996.51	2 948.6	431.27	616.61	1 047.88
镇江	914.09	1 065.01	79.03	−229.95	−150.92
常州	2 313.73	1 605.99	151.54	556.2	707.74
无锡	3 410.61	2 597.08	258.53	555	813.53
苏州	5 292.9	4 413.6	470	409.3	879.30

从中表 5 - 4 中,我们可以看出苏南城市群产业结构演进的动态特征,具体如下:

第一,从总经济增长量(G)的动态变化来看,南京、常州、无锡、苏州四市均经历了明显的增长变化轨迹,南京由 3 765.85 亿元增长到 3 996.51 亿元,常州由 1 898.47 亿元增长到 2 313.73 亿元,无锡由 2 161.61 亿元增长到 3 410.61 亿元,苏州由 4 607.2 亿元增长到 5 292.9 亿元,镇江表现为下降趋势,由 1 376.81 亿元下降为 914.09 亿元。

第二,从产业结构偏离分量(P)的变化来看,南京市的产业结构偏离分量在第 I 期、第 II 期均为正值,表明南京的产业结构要优于群域平均水平,具有较好的产业结构效应。且南京的产业结构偏离分量由第 I 期的 38.44 亿元上升到第 II 期的 431.27 亿元。镇江、常州、无锡、苏州四市的产业结构偏离分量在近年出现明显的由负转正的趋势,表明这四市的产业结构由弱势转为优于区域平均水平,四市的产业结构效应增强。

第三,从竞争力偏离分量(D)的变化来看,无锡市竞争力偏离分量经历了明显增长的正向变化,由第 I 期的 86.32 亿元增长到第 II 期的 555 亿元。这表明无锡市由于近交通、产业园区等基础设施条件的改善,通过与群内其他城市的经济互动促进了自身的发展,导致它在部分产业上积累的竞争力优势逐步加大。相比之下,南京、常州和苏州三市的竞争力偏离分量在两期中均为正值,但经历了明显减少的逆向变化,表明三市虽然在初期从与其他城市的经济互动中获取发展所需的积极影响,但它们在部分产业上积累的空间竞争力优势逐步减小。镇江市竞争力偏离分量经历了明显的由正转负的变化,由第 I 期的 560.43 亿元下降到第 II 期的−229.95 亿元。这是由于其他城市的快速发展,导致镇江市在部分产业上积累的空间竞争力优势逐步丧失。

第四,从区位偏离分量(N)的变化来看,南京、镇江、常州、无锡和苏州五市的区位偏离分量在 2011—2018 年稳定地保持为正值且逐步增加,表明这五个城市与江苏区域内其他城市之间形成了较好的产业分工,其综合比较优势也得到了较好的发挥,从而形成了明显的区位效应。南京、镇江、常州、无锡和苏州五市的区位偏离分量分别由第Ⅰ期的 1 899.42 亿元、737.01 亿元、1 128.52 亿元、2 109.48 亿元、3 418.7 亿元增长到第Ⅱ期的 2 948.6 亿元、1 065.01 亿元、1 605.99 亿元、2 597.08 亿元、4 413.6 亿元。

5.3.3.2 结构分析

表 5-5 苏南城市群各产业明细偏离份额分析表 　　　　单位:亿元

		南京		镇江		常州		无锡		苏州	
		第Ⅰ期	第Ⅱ期	第Ⅰ期	第Ⅱ期	第Ⅰ期	第Ⅱ期	第Ⅰ期	第Ⅱ期	第Ⅰ期	第Ⅱ期
第一产业	N	51.94	69.48	29.75	39.71	36.42	43.82	37.58	41.18	56.9	64.5
	P	−9.53	−58.33	−5.48	−33.34	−6.69	−36.78	−6.89	−34.57	−10.4	−54.1
	D	29.88	29.75	15.41	−0.79	8.68	2.64	4.32	17.9	1.4	−11.8
	G	72.29	40.9	39.68	5.58	38.41	9.68	35.01	24.51	47.9	−1.4
	$P+D$	20.35	−28.58	9.93	−34.13	1.99	−34.14	−2.57	−16.67	−9	−65.9
第二产业	N	862.65	1 190.93	415.79	531.9	630.72	780.69	1 181.2	1 303.5	1961	2 173.8
	P	−153.62	−199.2	−74.04	−88.95	−112.32	−130.55	−210.3	−217.9	−349.2	−363.5
	D	614.49	541.69	193.66	110.29	241.92	522.2	35.6	453.4	107.5	1 301.4
	G	1 323.52	1 533.42	634.41	553.24	760.32	1 172.34	1 006.5	1 539	1 719.3	3 111.7
	$P+D$	460.87	342.49	119.62	21.34	129.6	391.65	−174.7	235.5	−241.7	937.9
第三产业	N	982.76	1 688.19	291.47	493.4	461.38	781.48	890.7	1 252.4	1 400.8	2 175.3
	P	201.94	688.83	59.89	201.32	94.81	318.87	183	511	287.8	887.6
	D	1 184.69	45.17	351.36	−339.45	543.55	31.36	46.4	83.7	1 151.4	−880.3
	G	2 369.39	2 422.19	702.72	355.27	1 099.74	1 131.71	1 120.1	1 847.1	2 840	2 182.6
	$P+D$	1 386.63	734	411.25	−138.13	638.36	350.23	229.4	594.7	1 439.2	7.3

(1) 第一产业分析

从结构效应来看,在研究期限内,苏南城市群五市第一产业不具备结构效应优势,均给同期经济增长带来损失。在第Ⅰ期,南京、镇江、常州、无锡、苏州第一产业的结构效应损失分别为 9.53 亿元、5.48 亿元、6.69 亿元、6.89 亿元、10.4 亿元；在第Ⅱ期，南京、镇江、常州、无锡、苏州第一产业的结构效应损失进一步扩大，分别为 58.33 亿元、33.34 亿元、36.78 亿元、34.57 亿元、54.1 亿元。

从竞争力效应来看，在第Ⅰ、Ⅱ期中，南京市、常州市、无锡市竞争力效应均为正值，具备竞争力优势，为经济增长带来增量，其中南京为 29.88 亿元和 29.75 亿元、常州为 8.68 亿元和 2.64 亿元、无锡为 4.32 亿元和 17.9 亿元。镇江和苏州两市在第Ⅰ期中，竞争力效应为正值，具备竞争力优势，分别为经济增长带来 15.41 亿元和 1.4 亿元增量；在第Ⅱ期，镇江和苏州两市的竞争力效应为负值，分别产生 0.79 亿元和 11.8 亿元的损失。

从总偏离效应来看，在第Ⅰ、Ⅱ期中，南京、镇江、常州、无锡、苏州五市总偏离效应呈下降趋势，主要是由于结构效应损失而引起总偏离效应下降。其中，南京、镇江、常州总偏离效应由第Ⅰ期的正值下降到第Ⅱ期的负值。

（2）第二产业分析

从结构效应来看，在研究期限内，苏南城市群五市第二产业不具备结构效应优势，均给同期经济增长带来损失。在第Ⅰ期，南京、镇江、常州、无锡、苏州第二产业的结构效应损失分别为 153.62 亿元、74.04 亿元、112.32 亿元、210.3 亿元、349.2 亿元；在第Ⅱ期，南京、镇江、常州、无锡、苏州第二产业的结构效应损失进一步扩大，分别为 199.2 亿元、88.95 亿元、130.55 亿元、217.9 亿元、363.5 亿元。

从竞争力效应来看，在第Ⅰ、Ⅱ期中，南京市、镇江市、常州市、无锡市和苏州市竞争力效应均为正值，具备竞争力优势，为经济增长带来增量，其中南京为 614.49 亿元和 541.69 亿元、镇江为 193.66 亿元和 110.29 亿元、常州为 241.92 亿元和 522.2 亿元、无锡为 35.6 亿元和 453.4 亿元、苏州为 107.5 亿元和 1301.4 亿元。其中，南京和镇江两市第二产业竞争力效应表现为下降趋势，常州、无锡和苏州三市第二产业竞争力表现为上升趋势。

从总偏离效应来看，在第Ⅰ、Ⅱ期中，南京、镇江两市总偏离效应呈下降趋势，主要是由于结构效应损失而引起总偏离效应下降。常州、无锡、苏州总偏离效应呈现上升趋势，其中无锡和苏州由第Ⅰ期的−174.7 亿元和−241.7 亿元上升到第Ⅱ期的 235.5 亿元和 937.9 亿元。主要是常州、无锡和苏州三市的第二产业竞争力效应表现出较强的上升趋势引起的总偏离效应上升。

(3) 第三产业分析

从结构效应来看,在研究期限内,苏南城市群五市第三产业具备结构效应优势,均给同期经济增长带来增量,且呈现增长趋势。在第 I 期,南京、镇江、常州、无锡、苏州第三产业的结构效应增量分别为 201.94 亿元、59.89 亿元、94.81 亿元、183 亿元、287.8 亿元;在第 II 期,南京、镇江、常州、无锡、苏州第三产业的结构效应增量进一步扩大,分别为 688.83 亿元、201.32 亿元、318.87 亿元、511 亿元、887.6 亿元。

从竞争力效应来看,在第 I、II 期中,南京市、常州市、无锡市竞争力效应均为正值,具备竞争力优势,为经济增长带来增量,其中南京为 1 184.69 亿元和 45.17 亿元、常州为 543.55 亿元和 31.36 亿元、无锡为 46.4 亿元和 83.7 亿元。镇江和苏州两市在第 I 期中,竞争力效应为正值,具备竞争力优势,分别为经济增长带来 351.36 亿元和 1 151.4 亿元增量;在第 II 期,镇江和苏州两市的竞争力效应为负值,分别产生 339.45 亿元和 880.3 亿元的损失。

从总偏离效应来看,在第 I、II 期中,南京、镇江、常州、苏州五市总偏离效应呈下降趋势,主要是由于结构效应损失而引起总偏离效应下降,其中,镇江总偏离效应由第 I 期的正值下降到第 II 期的负值。无锡总偏离效应均为正值,且呈上升趋势。

基于动态偏离—份额模型,本书对苏南城市群产业结构进行了实证分析,实证分析结果具有较强的政策含义,其核心在于推进苏南城市群内部的专业化分工和产业空间结构调整,构建错位发展、高效互动的产业协同发展格局。为此,要统筹跨行政区的产业发展规划,加强地方政府间经济合作,通过整合区域内产业资源,激发各地区的经济增长潜能,从而提高城市群产业发展的整体效率,具体政策建议如下:

第一,坚持制度合作,优化区域产业协调发展环境。

坚持制度合作,促进苏南城市群由"行政区经济"到"经济区行政"思维的转变,由以行政为界限的经济到根据经济区域来调整行政,通过制定与经济区相适应的跨区域政策,释放板块之间和板块内部的张力,促进经济社会的进一步融合。既要充分发挥市场在资源配置过程中的决定性作用,同时要更好地发挥政府作用,打破区域分割壁垒,改变单纯以地理片区划分为主要依据的区域政策制定方式,优化财政税收、土地保障、环境治理、科技创新、人才支撑和规划管理等各类政策资源,推进区域政策统一规范、衔接协调。苏南城市群产业发展,要有综合视角:首先,在规划层面,优化产业空间布局,促进协同发展。针对苏南五市的产业发展基础和产业布局现状,联合成立产业协调发展小组,制定详细的产业发展规划,明确苏南五市各自产业发展方向和发展重点,加快中国制造 2025 苏南城市群试点示范建设,大力推动苏南五市科技协同创新、产业协作配套、资源共建共享,促进制造业错位竞争、有机互补、特色发展、向中高端迈进。其次,在制度层面,建立产业集聚发展联席会议制度,实现苏南五市统筹产业发展规划和政策协同。借助联席会议,相关部门共同制定产业规划与集聚发展的重大政策,协同推进政策实施,互相监督政策执行,协作资源配置和重大产业工程项目。再次,强化资金支持和引导。一方面对于符合产业集聚发展规划方向的新建产业或新设企业,按照项目投资额给予相应的一次性或年度性奖励补助;另一方面,大力支持有利于产业集聚发展的公共服务平台建设和园区基础设施建设,加快完善各项功能配套,增强区域的集聚力和承载力。最后,培育有利于产业集聚发展的内外部环境。一是创新土地支持政策,拓展产业集聚区的土地开发利用方式,在法律政策的允许范围内,对规划建设产业集聚区的土地,适当放宽用地指标,并迅速完善各类基础设施条件,为产业集聚发展提供优良的基本保障;二是创新金融支持举措,灵活运用各种金融工具,开发金融产品,鼓励并引导金融机构加大对符合产业集聚发展规划的企业和项目的支持力度,尤其是要着力解决中小型、小微型企业的融资难、融资贵的问题。

第二,建设苏南统一的共同市场,提升产业竞争力。

在经济增长外需乏力的情况下,扩大内需成为保持经济持续稳定发展的必然选择。以城市群产业结构调整扩大内需要求打破城际贸易壁垒,建立城市群区域共同市场。影响区域消费者需求的主要因素包括物流运输地方化、特许经营等营销策略、售后服务以及地方文化习俗、情感归属等,而地方政府借助行政力量施行空间政策更有可能对需求产生造成系统性影响。因此,要"去地方政府化",破除行政性壁垒,限制代表本地利益的地方政府过多干预市场主体之间的竞争,有利于促进地区间市场互相开放,优化区域产业创新空间布局。进一步推进苏南统一共同市场建设,必须改进地方政府干预产业的行为方式。具体而言,在上级政府针对苏南各市政府的考核中,地方政府的政绩考核、经济部门的目标管理,都要统筹经济区的经济发展,整合区内各种资源,打破行政地域界限,清除行政辖区的体制障碍,构建区域内统一的共同市场。

　　第三,建立与完善区域创新协调机制。

　　推动苏南城市群产业发展一体化建设,需建立具有区域间统一的协调机构并建立健全长效协调机制。通过设立跨地区的协调治理机构,可共同组织制定和发布跨地区的各项规划与计划,建立区域共同的利益机制。各地方政府必须将一部分公共权力让渡给这一区域协调治理机构,才能将地方政府经济合作落到实处。在政府层面,由江苏省、苏南五市和国家高新区成立的协调组织机构,负责制定跨行政区的经济协调治理活动的整体发展战略和政策,协调解决区域的重大与关键问题,避免在政策制定及执行过程中的恶性竞争。同时,应通过整合或重新组建区域性行业协会等方式,定期组织召开区域性合作与发展论坛,促进官学产研之间的交流与合作,协调解决示范区内各产业、各企业创新整合问题。

　　第四,构建人才高地,推动产业高端化发展。

　　产业驱动经济社会发展的实质是人才驱动,产业结构高端化发展应实现各地人才的合理流动与共享。一是进一步统一规划苏南城市群创新空间布局,统筹空间结构、区域创新载体和产业发展的布局。根据各地区在示范区内的定位和在创新产业链中的定位,以规划引人才,以产业引人才,以市场引人才,避免区域间人才引进的恶性竞争,实现不同类型、不同层次人才的优化配置。二是围绕提升一体化创新能力,统筹规划通讯、交通、能源、生态等基础设施建设。充分发挥各类创新创业服务平台、知识产权交易平台等创新一体化服务平台的功能与作用,为区域一体化发展提供服务支撑。加强公共财政对创新创业的扶持与补助力度,营造有利于创新的低成本创业环境,使人才有"用武之地"。三是加强对公共产品与服务的供给,促进要素自由流动与公共服务均等化。要深化户籍制度改革,大力推进公租房、廉租房建设,降低新市民的居住成本。四要全面"放、管、服"。改革行政审批制度,大力推广"不见面审批",降低准入门槛,让各类人才真正"留得住、用得好",成为苏南城市群产业高质量发展的第一要素。

第 6 章　世界典型城市群产业发展实践

　　本章通过对三大世界级城市群美国波士华城市群、日本东京为核心的东京都市圈以及西北欧城市群的产业分布与结构进行梳理和分析，以期对苏南城市群产业结构调整提供经验借鉴。对于国外典型城市群产业发展实践的考察是本章研究的重要内容。

6.1 东京都市圈产业发展实践

6.1.1 基本概况

日本的城镇化始于明治维新时期,大体经历了三个阶段:1920—1950 年为初始阶段,城市人口由 18% 上升到 37%;1950—1977 年为成长阶段,城市化率由 37% 上升到 76%,伴随着工业化进程,大批青年进入大城市,地区差距加大;1977 年至今为成熟期,进入后工业化时代后,随着工业增长速度的减缓,城市化进程日趋成熟,城市化空间格局基本稳定。

东京都市圈是一个广义地域概念,包括东京都、神奈川县、千叶县、埼玉县、茨城县、群马县、栃木县一都六县。一般将东京城市群的神奈川、千叶、埼玉称为内环三县。东京都市圈的总人口规模可达 3 400 万至 3 700 万人左右,在世界上所有城市群中位居首位。就经济规模来讲,东京都市圈生产总值达 160.5 万亿日元(2008 年),大约合 1.8 万亿美元。这相当于纽约都市圈经济规模的 1.4 倍,并且可以与当时国内生产总值世界排名第 8 的国家相匹敌。[①]

东京于 1868 年成为日本首都,1920 年已经拥有 330 万人口,20 世纪 50 年代左右,围绕东京湾一都三县(东京都、埼玉县、千叶县、神奈川县)的人口就已经超过了 1 000 万,城市化的进程导致了人口往大城市不断聚集,东京都市圈的人口呈现爆炸型增长,都市圈核心城市人口集聚密度高于非核心城市,从而形成城市人口集聚密度的空间梯度(表 6-1),都市圈的服务业、研发信息产业开始崛起,知识经济和服务业给城市经济的发展注入了活力。东京都市圈成立之初是"东京都一级依存"的发展模式,战后日本经济高速发展,人口、产业集中于东京一个城市,形成了"东京中心"的发展趋势。1970 年,首次提出了"多中心城市"发展规划,建立"多级中心城市结构",形成了东京都市圈。东京都市圈包含三个范围,从内到外的圈层依次是东京都、东京圈、首都圈。东京都市圈核心是东京都,这是一个行政管辖范围,其中包括有 23 区 26 市 5 町 8 村,这个辖区范围内有 1 350 万人,面积有 2 106 平方千米。第二个范围是东京圈,包括东京都连同北边的千叶县、神奈川县、埼玉县,这个区域面积达到 13 373 平方千米,人口比较多,有 3 613 万。

---

① 资料来源:百度百科。

第三个范围是首都圈,半径 100 千米的都市圈,在这里汇集了 4 383 万的人口,覆盖面积达到 36 494 平方千米,这个范围也是日本中央政府对首都地区都市圈建设开展规划、颁布政策所适用的范围。东京都市圈不仅仅是日本的政治、经济、文化、对外交往中心,而且还是日本最大的人口聚集地。首都圈的 GDP 占日本全国的 38%,首都圈的产业结构中,第三产业的比重较大,稳定在 70%～80%之间。首都圈民营企业从业人员数量约为 2 000 万,占全国的 1/3 左右;首都圈外资企业的数量及占比接近 90%;首都圈空港的国际旅客人数超过 4 000 万,占日本全国的 54.4%;首都圈外贸集装箱货物吞吐量在日本全国的占比是 33.5%。

表 6-1 东京都市圈人口密度

单位:人/平方千米

地区	1975 年	2010 年
东京都	5 551.1	6 017
栃木	265	313
群马	276	316
埼玉	1 279.5	1 894
千叶	816.4	1 206
茨城	384.2	487
神奈川	2 648.2	3 746

资料来源:2012 年《日本统计年鉴》。

6.1.2 产业分布

东京都市圈的核心是东京都。东京的经济资源高度集聚在核心三区:千代田区、中央区和港区,这三区的面积只有 42 平方千米,每平方千米却提供了五万多个工作岗位,是其他区域的七倍,在东京都市圈中最高。东京的核心区就业人口为 243 万人,昼夜人口相差达 207 万人。核心三区居于主导地位的是服务行业、批发和零售行业,员工人数都达到 1 569 000 人,约占总就业人数的 65%。金融保险业和制造业居于次席。从吸纳就业的角度来看,核心三区的首要产业为服务业,在 2001 年,其总就业人数 847 965 人,占所有三个区总就业人数的 35%。在批发和零售行业,东京的核心三区以 2%的土地面积,集聚了东京 64.5%的销售额和 27.9%的就业,其集聚程度可见一斑。作为世界最大金融中心之一的东京,

其金融业在核心三区高度集中。2003 年,东京都核心三区银行贷款额高达 125.8
万亿日元,占整个东京的 76%;存款额高达 79.6 万亿日元,占东京都的 55%;同
时这里还集聚着整个东京 28% 的银行、37% 的金融机构总部。随着产业发展水平
的提升,重化工业如钢铁、石化等产业均从东京转移至千叶,都市型产业则得到了较
快发展,以出版印刷业为例,在东京集聚了日本 80% 的出版印刷企业。[①]

根据经济的不同发展阶段,日本政府颁布了多部法律和城市群规划,以促进
区域产业协调发展。日本经济产业省在 21 世纪初提出了产业集群政策,目的是
在产业、学术界、政府之间建立联系,开展产业与学术界合作、产业间合作项目。
政府部门建立了产业与学术界的合作机制,加大对区域内核心商业的支持,提供
人才培养项目,建立地方风险投资基金,为创业提供资金支持。东京都市圈形成
了明确的职能分工体系和合作体系,核心城市依据各自资源禀赋特色,发挥比较
优势,分工合作,优势互补,形成了基于自身优势的产业集群。

表 6-2　东京都市圈第二、第三产业占 GDP 比重[②]

城市	第二产业(%)		第三产业(%)	
	1975	1995	1975	1995
东京都	33.4	25.9	40.2	50.5
栃木	48.9	46.9	43.1	50.9
群马	44.8	49.6	46.1	48.7
埼玉	48.8	37.3	47.9	62
千叶	48.3	34.6	45.9	63.5
茨城	48.9	46.8	66.3	74
神奈川	53.6	39.8	45.4	59.9

从表 6-2 可以看出,从 1975 年到 1995 年东京都市圈核心城市产业结构发
生了明显变化,核心城市第三产业占 GDP 的比重都有明显上升。

东京都市圈的产业分布存在明显的空间分布规律,从核心、东京圈到再到首
都圈。制造业在核心区的分布较少,而集中分布在东京圈和首都圈,但是从产业
效率来看,虽然核心圈制造业规模和集聚程度最低,但是产出效率却是最高的。

---

① 刘建朝.京津冀城市群产业优化与城市进化协调发展研究[D].天津:河北工业大学,2013.
② 许庆明,胡晨光,刘道学.城市群人口集聚梯度与产业优化升级——中国长三角地区与日本、韩国
的比较[J].中国人口科学,2015(1):29-37.

这说明传统制造业日渐转移出核心区域,但是生产技术先进、资源消耗少、产出效率高的高端制造业仍会在城市群核心区占有一席之地。不同性质的制造业在城市群不同圈层中仍有不同的分布规律。内环及核心区中,出版业等具有生产性服务业性质的产业较为集中,而越远离核心区则农业和一般的制造业则相对集中。

6.1.3　启示

总结东京都市圈产业发展经验得出:

第一,产业空间联系密切。东京都市圈内邻近的地区和城市由于交通发达形成了一体的工业区,构成不同的产业带。如东京和横滨市相距 25 千米,而且都是大的工业城市,被称作"京滨工业区",该工业区大致可分为京叶工业区、鹿岛沿海工业区、内陆部工业区三大块,机械、印刷、出版业的比重较高。

第二,产业空间结构圈层化。东京都市圈核心主要是第三产业,中间环状地带主要是第二产业,外圈层则主要是第一产业。中心城市东京的第三产业比重达到 73.8%,中间三个县的第三产业比重不超过 70%,外围四个县的第三产业比重均在 60% 以下。东京制造业从业人员 57.8 万人,占都市圈总数四个县的 22.2%,紧邻东京的三个县从业人员 127.4 万人,占 48.9%,外围四个县 75.2 万人,占 28.9%。东京都市圈外围的栃木县、茨城县、山梨县等地区农业比重较高,主要面向东京市场。[①]

第三,政府主导产业布局。日本政府重视国土开发和整治,东京都市圈产业结构、产业布局与空间组织是在日本政府有计划、分步骤推动下逐渐形成的。1940 年,日本政府制定了国土开发纲要,1950 年制定国土综合开发法,1962 年通过《第一次全国综合开发计划》(简称"一全综"),1969 年"二全综"着重解决东京—大阪城市经济带过度集聚问题,1977 年"三全综"要求克服城市群人口、产业的地方分散倾向,1987 年"四全综"强调促进城市群产业空间的多极分散布局,1998 年"五全综"则强调形成多个产业的轴形结构。由中央政府主导的东京都市圈政策、规划,立足于整个区域,避免了各个行政区域只关注自己辖区在整个区域发展中的得失,减少了地方政府间的协调成本,使东京都市圈的建设能有序进行,强化了东京都市圈建设的制度保障。

---

① 刘贵清.日本城市群产业空间演化对中国城市群发展的借鉴[J].当代经济研究,2006(5):40-43.

6.2 波士华城市群产业发展实践

6.2.1 基本概况

美国东北部大西洋沿岸城市群是北起波士顿南到华盛顿,长达970千米,宽50~160千米的城市密集地带,又名波士华城市群,包括波士顿(电子城)、纽约(金融城)、费城(军工城)、巴尔的摩(钢铁城)、华盛顿(政治中心)等大城市以及200多个市镇,面积13.8万平方千米,占美国总面积的1.5%。人口6500万,占美国总人口的22.5%,占美国GDP比重17%以上,城市化水平达到90%以上,是世界六大城市群之首。①

美国东北部大西洋沿岸城市群的城镇体系呈金字塔型结构,城市群的增长由纽约、波士顿、费城、巴尔的摩、华盛顿等中心城市逐步向外辐射和扩展,形成了纽瓦克、卡姆登、安纳波利斯等次级中心城市,各等级城市相互交织构成该城市群的城市网络。美国东北部大西洋沿岸城市群中人口大于100万的城市有9个,人口介于50万~100万的城市有29个,这两类城市集聚了区域内65%的人口;人口介于20万~50万的城市有34个,人口小于20万的城市有116个,这类城市的平均规模只有6.4万人。从发展历程来看,美国东北部城市群的发展经历了三个阶段:

(1)第一阶段,1850—1945年。美国东北部地区的城市化率从18.5%上升至35.7%,这5个大城市吸引了越来越多的人口,人口占比迅速增长。

(2)第二阶段,1945—1970年。1950年后,尽管美国的城市化仍在继续,但是美国东北部地区的城市化率在1950年已经将近80%,5个城市的人口占比在这时达到高峰,城市群的概念也是在这段时间提出的。

(3)第三阶段,1970年至今。由于城市人口越来越多,导致了很多城市问题,美国开始出现逆城市化,5个中心城市的人口占比也开始出现下降。现在,纽约、华盛顿、波士顿、费城和巴尔的摩这五个中心城市的人口占比基本保持稳定,在主导产业和交通运能的发展下,城市群的空间状态也由单核集聚发展为多中心的点状发展模式。

---

① 资料来源:美国十大城市群。https://baijiahao.baidu.com/s?id=1625142325694083557&wfr=spider&for=pc.

美国波士华城市群高速公路密布,城市群内几乎所有的城市都能通过高速公路到达。城市群内的铁路网为东北至西南方向,主干道起于波士顿,途经纽约到达华盛顿,主要负责城市群内各中心城市的连接;轻轨主要负责中心城市与远郊地区、周边城镇等的短途客运,轻轨扩大了中心城市的辐射范围,带动了城市周边的发展。公路、轻轨、地铁等高频的交通方式构成了便捷交通网,主要服务于日常的短距离客流。中心城市的轨道交通(地铁和轻轨)客流量占全美的80%。在距离纽约最主要的城际火车站40千米的范围内,有超过700万人和超过300万人分别居住和工作在距地铁站800~1 600米的半径范围内。费城、波士顿、华盛顿都有25%~30%的人口以及20%~35%的工作靠近其当地的轨道交通系统。航空交通方面,美国东北部大西洋沿岸城市群内拥有肯尼迪国际机场、洛根国际机场、费城国际机场等9个大型机场。这些机场都分布在5个中心城市内,各中小城市之间也形成了发达的航空交通网络体系,航空运输是城市群长途客运的主要形式。

6.2.2　产业分布

美国东北部大西洋沿岸城市群拥有完善的产业层级结构,并在各层级城市间形成了完善的产业分工格局,五大中心城市的功能定位也各具特点,实现了错位而不同质的发展。纽约作为城市群中最核心的城市,处于产业层级结构的顶层,是美国人口密度最高的大城市,是一座具有世界影响力的城市,是全球金融中心,在商业、文化、娱乐、科技、教育、研究等领域也具有举足轻重的全球地位。纽约集中了众多全球性跨国公司的总部,是联合国等重要国际组织所在地,也由此聚集了各类专业管理机构和服务部门,形成了强大的全球服务、管理的控制中心。波士顿、费城、华盛顿、巴尔的摩这四座中心城市处于美国东北部大西洋沿岸城市群产业层级结构中间层位置,具有承上启下的作用。波士顿是美国历史最悠久的城市之一,是美国重要的高科技中心,是全球创新创业的引领者;由于众多顶尖高等院校的聚集,它也是重要的世界高等教育中心,拥有哈佛大学、麻省理工学院、塔夫茨大学等著名高校。波士顿重要的经济基础产业有金融业、商业服务业、生物科技产业、信息技术产业等。费城是重要的教育中心和经济中心。费城重要的经济部门包括金融服务业、医疗健康产业、生物科技产业、信息技术产业和旅游业,是美国东海岸重要的钢铁、造船基地以及炼油中心,是美国承担近海航运的主要港口。巴尔的摩位于华盛顿东北方向约 64 千米处,与华盛顿联系紧密,是中大西洋地区的第二大港口,航运业非常发达。巴尔的摩曾经是一个以钢铁加工和汽车制造为主的工业城市,如今也经历了产业转型,科技产业迅速发展。五个中心城市周围的众多中小城市构成了美国东北部大西洋沿岸城市群产业层级结构的第三层,它们是中心城市的腹地,是城市群的黏合剂,为几大中心城市的生产生活提供服务与便利。处于不同产业层级的城市都能充分利用其自身特点并发挥优势,与其他城市形成合作和互补的发展模式,最终形成一个在产业发展方面多样协同的城市群。①

具体产业分布情况见表 6-3。

表 6-3 波士华城市群主要产业情况

中心城市	主要产业	具体发展
波士顿	医疗服务业	波士顿以健康、医疗教育和医疗研究著称,波士顿有 33 家医院,在 2012—2013 年的美国最佳医院排行榜中,波士顿在前十名中占据两席,医疗服务业在十多年中保持持续增长,2012 年医疗服务业产值达到 301.4 亿美元,医疗服务业收入占波士顿总收入的 20%
	生物技术产业	波士顿是美国顶级制药中心,有超过 100 家制药公司在剑桥和肯德尔广场区域。马萨诸塞州内有六大生物技术集聚区,分别为波士顿-剑桥、东北区、伍斯特区、西区、128 公路以及南部海岸。州内 550 家生物技术和制药公司中有 314 家是药物开发公司,全球大约 8% 的新药研发线的总部设在此
	机器人产业	波士顿、匹兹堡和硅谷是美国机器人产业最集中的区域,波士顿所在的马萨诸塞州的机器人产业集群被称为"机器人之都",州内机器人企业的 60% 为年轻企业(成立时间＜10 年),这些年轻企业 2011 年的销售额相比 2008 年增长了 93%

---

① 潘芳,田爽.美国东北部大西洋沿岸城市群发展的经验与启示[J].前线,2018(2):74-76.

续表 6 - 3

中心城市	主要产业	具体发展
纽约	金融业	金融产业主要集中在曼哈顿下城,此处有世界第一大和第二大证券交易所(按日均交易量和总市值计算):纽约证券交易所和纳斯达克交易所。2008 年年底,纽约都会区掌控了全球 40% 的金融资金,是全球最大的金融中心
	创意产业	纽约的创意产业集群主要集中在苏荷区,其所在的曼哈顿岛是纽约市的中心区,纽约发达的经济和高度集聚的金融业为苏荷区的文化投资提供了条件。纽约的电影与电视产业仅次于好莱坞,为全美第二。新媒体、广告、时尚、设计和建筑等创意产业竞争力也非常强大
费城	生物医药业	费城有 4 家学术性医学和研究中心(宾夕法尼亚大学、天普大学、托马斯杰斐逊大学以及德雷塞尔大学),美国国立卫生研究院(NIH),全球顶级的 11 家制药公司总部、700 多家生命科学公司,如强生、默克、赛诺菲、辉瑞以及阿斯利康等
巴尔的摩	生物技术(基因)	华盛顿—巴尔的摩被称为"世界基因之都",美国国立卫生研究院(NIH)和约翰斯·霍普金斯(Johns Hopkins)大学,NIH 每年有大约 10% 的预算花在华盛顿和巴尔的摩区域
	高科技产业	在巴尔的摩到华盛顿之间,有 200 多家全美最重要的科研和实验机构在连接两个城市的高速公路旁,由巴尔的摩和华盛顿组成的大都会区附近集聚了十多万科研工作者和工程师,这些专业技术人员给巴尔的摩—华盛顿大都会区、马里兰州带来了富有科技创造力的经济增长模式
华盛顿	信息科技	华盛顿市信息科技产业的员工数量占全部科技行业的 70%,据美国劳动力统计局数据,华盛顿市 92% 的信息科技工作集中在计算机系统设计,且大部分的信息技术类工作与联邦政府相关

6.2.3 启示

总结波士华城市群产业发展经验得出：

第一,产业层级结构完善。中心城市的功能定位也各具特点,实现了错位而不同质的发展。纽约作为城市群中最核心的城市,处于产业层级结构的顶层,充分发挥辐射和带动作用。波士顿、费城、华盛顿、巴尔的摩这四座中心城市处于城市群产业层级结构中间层位置,具有承上启下的作用。五个中心城市周围的众多中小城市构成了城市群产业层级结构的第三层。处于不同产业层级的城市都能充分利用其自身特点并发挥优势,与其他城市形成合作和互补的发展模式。

第二,发达的城市群交通网络是产业发展的基础。城市群中,高速公路、铁路、机场、港口等多种交通基础设施共同组成了城市群多层次的网络化交通系统。这为城市群产业的协同发展创造了便利的沟通渠道。纽约、费城、波士顿、巴尔的摩等中心城市均拥有重要港口,并通过合理的分工形成独具特色的港口群。纽约港为中心枢纽,重点发展集装箱运输,费城港主要从事近海货运,巴尔的摩港是矿石、煤和谷物的转运港,波士顿港则兼有商港和渔港的功能。

第三,形成了"政府—非政府—市场"多重机制。政府制度引导、行业专业指导和市场竞争驱动各城市优势互补、错位发展,进而实现了资源的合理配置及区域产业的协同发展。

6.3 西北欧城市群产业发展实践

6.3.1 基本概况

西北欧城市群以法国巴黎为中心,沿塞纳河、莱茵河延伸,覆盖了法国巴黎,荷兰阿姆斯特丹、鹿特丹,比利时安特卫普、布鲁塞尔和德国科隆等西北欧的广大地区,包括 4 个国家的 40 个十万人口以上的城市,总面积 14.5 万平方千米,总人口 4 600 万。西北欧城市群包括法国的巴黎—鲁昂—勒阿弗尔城市群(又称大巴黎城市群)、德国的莱茵—鲁尔城市群、荷兰的兰斯台德城市群,以及比利时的安特卫普城市群,是世界上最大的跨国城市群,是仅次于波士华城市群和东京都市圈的世界第三大城市经济体。

巴黎都市圈是以法国首都巴黎为中心的都市圈,巴黎—鲁昂—勒阿弗尔是沿塞纳河下游的带状城市群。巴黎大都市圈占法国国土面积的 27.8%,容纳了法国人口的 24%,中心城市区占法国国土面积的 2.18%,人口的 18.8%,聚集了法国国内生产总值的 28%、就业人口的 21.6% 和对外贸易额的 25%。[①] 大巴黎城市群表现为以巴黎为核心的极核网络化模式,极核型城市群对空间外区域表现出超强的虹吸效应。巴黎作为处于西欧顶端的全球化城市,首位度高,且拥有高标准现代化基础设施与管理体系,在联系整个法国重要的公共与私人机构、银行、法院及中央政府中发挥主控作用,形成了庞大且复杂的网络体系。巴黎发达的综合交通体系为市区向周边辐射及有序疏散提供了充分的可通达性条件。1989 年 7 月,政府对《巴黎地区整治规划管理纲要》进行修订,并于 1994 年获得议会批准,称为《巴黎大区总体规划》(简称《总体规划》),该规划是巴黎大区发展必须遵守的法律文件,其中包含的《巴黎大区整治计划》成为大区建设的指导性文件。《总体规划》体现的思路是:首先保持城市之间的合理竞争;其次是在大区内各中心城市之间保持协调发展;最后要在各大区之间保持协调发展。《总体规划》将大区内部划分为建设空间、农业空间和自然空间,三者兼顾,相互协调,均衡发展,巴黎的这次规划和以后的建设,有效促进了法国的经济发展。[②] 巴黎统计数据显示,2008 年 29% 的巴黎人口依靠公共交通出行,其发达的综合交通体系包括 1 830 千米的

---

① 陈自芳.区域经济学新论[M].北京:中国财政经济出版社,2011:164.
② 资料来源:巴黎都市圈。http://www.chinanews.com/cj/2011/11-10/3451633_2.shtml.

地区铁路、14 条地铁线路、3 条轻轨线路、351 条公交线路、2 100 千米的自行车道（在 1 750 个站点配备了 23 600 辆自助自行车）。2011 年以来，巴黎一直在实施"Autolib"（"自动电力汽车"）项目，设立 250 个站点提供自助电动汽车的出租服务；此外，包括 72 站 175 千米的郊区铁路，连接主要经济中心与国际机场，促进了郊区与郊区之间的直接联系，大大节约了郊区间通勤时间；巴黎还拥有欧洲地区排名第二的机场体系，机场体系的客运量在 2011 年达 880 万人，同时，机场和高铁的无缝对接，保证了机场每天可与 58 个城市保持直接往返；巴黎有欧洲排名第一的高速公路路网（里程达 600 千米）和约 10 000 千米的公路，拥有欧洲排名第二的内陆港，包括 70 个港口、500 千米的水道、10 个通道平台（铁路/公路/河）、约 7 680 千米的航道和运河。

莱茵—鲁尔城市群是德国最大的城市群，也是世界上最重要的工业区之一，位于北莱茵—威斯特法伦州的西部，介于莱茵河及其支流鲁尔河、利伯河之间。它以莱茵河—鲁尔为中心，南起波恩（Bonn），北到哈姆市（Hamm），包括科隆（Cologne）和杜塞尔多夫（Dusseldorf），也包括老鲁尔地区（Ruhrgebiet）的一些早期工业化城市，如多特蒙德（Dortmund）、埃森（Essen）和杜伊斯堡（Duisburg），以服务业为主的城市，如杜塞尔多夫（Dusseldorf）、科伦（Koln）和波恩（Bonn），还有一些新兴的轻工业城市，如明兴格拉德巴赫市（Monchengladbach）、伍珀塔尔（Wupperta）。莱茵—鲁尔城市群面积 4 500 平方千米左右，约占全国面积的 1.3%；人口 1 100 万，占全国人口的 7%，核心地区人口密度超过每平方千米 2 700 人，最大的城市——科隆人口在 100 万左右，埃森、多特蒙德、杜伊斯堡、杜塞尔多夫人口在 60 万左右。在这个城市群中，各城市规模相对较小、发展均衡、数量众多，使城市群表现为独具特色的多点分布式网络模式。不管在经济、政治、文化方面，还是其他任何方面，莱茵—鲁尔城市群内没有一个城市处于明显的支配性地位。尽管埃森、杜塞尔多夫、科隆、多特蒙德和杜伊斯堡是区域内的核心城市，但这些城市仍与其他众多政治独立、规模较小的城市处于平行竞争与发展的地位。据欧盟区域统计资料显示，包括鲁尔区在内的西欧城市群区域航空乘客数量与铁路网络密度，远高于欧盟其他区域。城市群内密集的高速公路、铁路、航空与水路等交通网络，不仅使鲁尔区区域内各城市间车程控制在 30 分钟以内，也把城市群与欧洲乃至全球紧密联系起来，进而使其融入世界城市网络体系。

兰斯台德城市群约占荷兰国土面积的 1/4，集聚的人口占荷兰总人口的近 2/3，拥有超过 600 万的人口，是欧洲最大的组群城市之一。兰斯台德（荷兰语 Rand，即环形)大致呈新月形或链形,是一个相对典型的多核网络化城市群,它与大巴黎城市群有截然不同之处。兰斯台德城市群内的鹿特丹、海牙、阿姆斯特丹、乌得勒支等城市都是荷兰西部的重要城市,受荷兰地理条件、行政体制等的影响,各城市土地当局对本城市范围内的土地有很强的控制权,地方政府具有高度自治权,使得这些在地理条件上有优势的城市在相互竞争中各有特色地发展,最终形成了目前区域内各城市相互独立、规模相似、专业分工明确的多中心网络化发展模式。城市间的联系和流动是水平与非层级性的,各城市按照各自分工共同承担着全国政治、经济、文化中心任务。比如,阿姆斯特丹是荷兰的经济、文化中心,荷兰的首都;乌得勒支是阿姆斯特丹—莱茵运河沿岸的重要水运中心,是荷兰的批发贸易中心和国际工业博览会所在地;鹿特丹是超过纽约港吨位的最大港口,石化业与造船业是鹿特丹的支柱产业;海牙是荷兰名副其实的政治中心。荷兰政府因地制宜地推崇兰斯台德,制定多中心规划,建设有集中的分散组团式城市群,并加强网络城市与城市网络建设。中央政府制定优先发展包括兰斯台德在内的六个国家级城市网络战略,高度城市化的地区借助基础设施网络联系各大城市和密集的小城市,形成网状城市体系。中央政府与地方政府签订合作协议,对关键城市网络节点和兰斯台德地区的节点城市进行投资建设,包括城市间在网络体系中的协调合作,统筹商业、服务业等产业布局与公园建筑,共建共享基础设施,不断提高区域内的可通达性,确保空间利用的高度集约与空间布局的多样性、差异性。国际化高速交通网络建设,又进一步推动了集聚经济的发展与区域一体化进程,推动兰斯台德城市群融入全球城市网络体系。[1]

安特卫普位于比利时西北部斯海尔德河畔,西距入海口约 90 千米,入港航道平潮水深达 14 米,10 万吨级海轮进出港自如,是比利时最大的港口和重要工业城市,面积 140 平方千米,是比利时的第二大城市、欧洲第二大港、世界第四大港、世界最大的钻石加工和贸易中心,人口 50 万,是欧洲人口最密集的地区。第二次世界大战后,城市迅速发展,与周围的埃里伦、梅克瑟姆、德尔讷、博尔赫霍特、贝尔赫姆、维尔赖克、莫策尔和霍博肯 8 个自治市区构成安特卫普城市集聚区。[2]

---

① 李娣. 欧洲西北部城市群发展经验与启示[J]. 全球化,2015(10):41－52,15.

② 资料来源:百度百科. https://baike. baidu. com/item/％E5％AE％89％E7％89％B9％E5％8D％AB％E6％99％AE/813614？fr＝aladdin.

6.3.2　产业分布

西北欧城市群主导产业突出且产业分工多样化、技术创新氛围浓厚。

大巴黎城市群的产业布局表现为,以产业链优势为依托的区位指向性,即市区分布高附加值的制造业与服务业,郊区与卫星城市发展工业与生产性服务业,强化产业自我集聚与沿价值链互补发展,维持巴黎地区的高就业率与核心竞争力。巴黎市区中心四区(CBD)成为金融业、保险、管理咨询、科研机构等产业的集聚中心;市区内、外环集中了政府部门及教育、纺织、服装和印刷出版业等机构;工业向郊区分散,工业中心西移,形成了沿巴黎西郊到西部工业轴心两侧发展的工业带,工业进一步集聚与专业化发展,主要分布为西部郊区汽车工业,南部航空、电子工业,东北部基础化学、化妆品、制药工业,零售网点以及物流配送机构也在此集中,为工业生产服务。2010 年,巴黎地区集聚规模不一的企业数量达 82.2万个,其中非常小的公司占比为 93.35%;集聚人口 1 186.7 万人,占法国总人口的18.3%,占欧盟的 2.4%。[①]

在莱茵—鲁尔城市群内,各城市大多有各自的优势主导产业,城市间产业差异化发展、关联互补,使城市群持续保持强劲的竞争力。杜塞尔多夫是德国北莱茵—威斯特法伦州首府,以发展广告、服装和通讯业为重要产业支撑;科隆也是德国金融中心之一,其工业以军工、冶金、机械、化学、制药、炼油、火电、纺织等为主;埃森的传统产业是采煤、钢铁、机械等,经转型发展了商贸及教育、电子等新兴产业,成为鲁尔区服务密集产业中心;多特蒙德由传统的支柱产业如钢铁、采煤及啤酒业,转型发展以保险、零售、物流、信息及微技术等为主的服务和技术产业,并依托德国最大的运河海港和足球队发展成为全国重要的贸易中心与体育中心;杜伊斯堡现为德国最大河港,以吞吐煤、铁矿石、石油、建筑材料等为主;波鸿是鲁尔区中部的中心,有著名的德国矿山博物馆,凭借高校科研力量成为科技中心。

荷兰兰斯台德城市群各城市产业分工互补发展,逐渐形成复杂的区域创新网络。兰斯台德地区及周边拥有乌得勒支大学、阿姆斯特丹自由大学、莱顿大学、马斯特里赫特大学、海牙大学等世界知名大学与众多研究机构和实验室,为兰斯台德地区技术研发与区域创新网络体系输送源源不断的人才。政府积极鼓励技术

---

① 资料来源:《2012 年巴黎统计年鉴》。

创新,组建了多个由来自大学和各行业跨学科专家组成的一流创新中心,建立了荷兰金属研究院、荷兰聚合物研究院、远程通信研究院和荷兰食品科学技术研究院等重点工业研究机构,保持本地优势产业技术处于国际领先地位;建立了阿姆斯特丹互联网交换中心、千兆港以及远程信息通信研究院等,推动荷兰信息通信技术不断领先全球;兰斯台德地区政府还为本地企业和外商投资企业提供广泛的技术创新补贴,包括飞利浦、壳牌、阿克苏·诺贝尔、帝斯曼以及联合利华等大约有 5 000 家公司拥有自己的研究部门,以不断革新其产品和生产工艺。

比利时安特卫普城市群设有众多的商业机构、进出口贸易公司、银行、保险公司以及交通运输公司。重要工业部门有造船、机械、汽车、电子、照相器材、有色冶金、炼油、石油化学、纺织、食品加工等。安特卫普是世界最大的钻石加工和贸易中心,加工的钻石绝大多数供出口,占比利时总出口额的 6.5%。[①]

具体产业分布情况见表 6-4。

表 6-4　西北欧城市群主要产业情况

城市群	主要产业	具体发展
大巴黎城市群	生物工程产业	拥有赛诺菲、施维雅、益普生等知名的制药商,法国制药企业将营业额的 12% 投入科研活动。法国的医疗企业覆盖整个产业链,从临床前、临床研究到制药,再到生产包装等。法国拥有超过 150 家制药公司、400 家合同研究组织(CRO),生物技术领域的研究人员数量在欧洲排名第二。法国生物企业在免疫学、细胞治疗、蛋白质工程、传染病学和诊断(药物基因组学、纳米生物技术和生物芯片)方面处于领先地位。巴黎医药园区集中了以居里研究所为代表的 7 家著名公共研究中心以及欧洲最大的医药网络(AP-HP 医院)。园区的两大发展战略为:一是通过研究机构向产业领域的技术转移来促进创新的发展;二是加快产品投放市场,形成患者受益、诊断创新、治疗创新和技术创新的布局。园区主要研究领域包括:诊疗领域——中枢神经系统、癌症、传染病;技术领域——成像、细胞和组织医学、制药技术。其

---

① 资料来源:百度百科。https://baike.baidu.com/item/%E5%AE%89%E7%89%B9%E5%8D%AB%E6%99%AE/813614? fr=aladdin.

城市群	主要产业	具体发展
大巴黎城市群	生物工程产业	中主要的生物医药公司包括：生物联盟制药公司（Bio Alliance Pharma）、赛弗吉生物系统公司（Exonhit Therapeutics）、Hybrigenics 公司、Endotis 制药公司、HRA 制药公司、Mutabilis 公司、Novagali 制药公司、Vaxon Biotech 公司等。在这些集群中，生物风险企业与制药企业、研究机构、医院等共同进行药物的创新以及治疗方法的开发活动
	信息与通信技术产业	定位为欧洲云计算的首都，是嵌入系统领域的领先地区，聚集了欧洲信息与通信技术领域近 70 000 个机构，包括全法国 38％ 的数据中心、泰雷兹公司（Thales）、萨基姆公司（Sagem）以及赛峰集团（Safran）等全球著名制造商，350 000 人从业于软件、电信、数字内容、防务及安全、光学和电子领域。Orange、Googleplex 等世界知名实验室与法国国家科学研究中心（CNRS）开展密切合作，围绕信息与通信技术领域的最前沿问题进行研发工作
	图像和数码产业	大巴黎城市群被誉为"图像之都"，该地区集中了法国 90％ 与电影和音响有关的业务，11 000 家相关机构，其中包括马克—古夫、米格罗斯和巴夫公司等世界知名的动漫、特效和视频游戏工作室，从业人员约 26 000 人
德国莱茵—鲁尔城市群	微系统工程技术产业	德国在微系统工程技术（MST）产品的国际市场占有率已达 20％，与 MST 领域直接相关的工作岗位有 76.6 万个，28％ 的德国 MST 企业的总部设在北威州，莱茵—鲁尔城市群区域集聚了大约 170 家企业（中小型企业 130 家），近 100 家高校机构和约 20 家研究机构。多特蒙德的 MST 产业集群是欧洲最大的产业集群之一，集群内有 40 多家企业，超过 2 300 名员工。行业内著名企业有 Bartels Mikrotechnik、Elmos 等

续表 6 – 4

城市群	主要产业	具体发展
德国莱茵—鲁尔城市群	工业 4.0 智能技术系统	莱茵—鲁尔城市群在德国"工业 4.0"战略和数字化进程中发挥着带头作用,率先成立了多个工业 4.0 尖端技术研发集群以及相关技术联合体。东威斯特法伦—利佩集群(OWL)为德国首批 5 家中小企业"工业 4.0 中心"之一。集群内拥有 6 所高校,11 个研究应用导向技术的大学研究中心,3 家合作研究中心,3 个科研院所和众多研究工作组。集群重点发展机械工程、电气、电子和汽车行业,并将信息和通信技术纳入产品生产及工艺创新中
荷兰—比利时城市群	生命科学与医疗保健业	荷兰是全世界生命科学与医疗保健产业集群最为集中的国家,根据 2014 年创新记分榜,荷兰在欧盟拥有最为开放、优质和高效的研究体系。乌得勒支集聚了 2 200 余家生命科学与医疗技术企业及研究组织,其主要研究领域包括:公共卫生、癌症、再生医学和干细胞生物学、医疗创新等
	化工产业	安特卫普是欧洲最大的石化中心,安特卫普港是欧洲第一大化工品港口。安特卫普港每年精炼 4 000 多万吨原油,是欧洲最强的综合性石化集群,世界最强的石化集群之一。安特卫普港区拥有 700 多万立方米的第三方液体储存容量,2 家世界十大炼油企业,4 家蒸汽裂化厂和近 30 家石化行业的企业,其中至少有 10 家世界级石化企业以及世界级的承包和物流企业
	物流产业	瓦隆大区位于比利时南部,由于其位于欧洲的中心,物流产业的发展具有得天独厚的优势,其区域内的列日机场能够在两天内送往 500 千米以内的欧洲区域,通过瓦隆大区可能使货物进入 80% 以上的欧洲市场。瓦隆大区与中国的物流可以通过列日河港的海上运输及沙勒瓦、列日及布鲁塞尔机场的空中运输来实现。集装箱到达荷兰的鹿特丹港,比利时的安特卫普港、泽布鲁日港以及法国的敦刻尔克港后,一天内货物可以送到瓦隆大区的不同区域

6.3.3　启示

总结西北欧城市群产业发展经验得出：

第一,产业分工合理,主导产业集群化。城市群各城市产业结构并不单一,产业职能分工合理。核心城市的主导产业形成了不同的产业集群,而相同的产业集群内不同层级的城市产业分工又有所不同。大巴黎城市群产业结构呈现由巴黎市的高端服务业、都市型产业到内圈的制造业,再到外圈的农林渔业、重化工业的产业梯度变化与层次差距。

第二,核心城市产业结构高级化。在城市群中,核心城市的制造业份额萎缩,逐步转移到了周边的城市,核心城市集聚了大规模的金融、保险、专项管理等为生产者服务的第三产业,如大巴黎城市群中核心城市巴黎主导产业为金融保险、总部经济等产业。

第三,城市群发展依托港口物流业。城市能够得以发展并最终形成城市群,良好的区位优势、发达便利的交通及强大的现代物流业是必不可少的发展基础。西北欧城市群内部的核心城市如鹿特丹等依托港口资源优势,成为洲际或世界性的中枢。

第四,传统产业继承与现代产业转型有机结合。城市群中的鲁尔区等老工业基地及时地调整了产业结构,完成了现代化新兴工业城市的重建。在产业转型升级的同时,各大城市群均传承和发扬传统特色产业,比如安特卫普的钻石交易,形成了城市群内产业的差别性和多样性。

6.4　本章小结

本章主要是对三大世界级城市群美国波士华城市群、日本东京都市圈以及西北欧城市群的概况以及它们各自的产业发展进行梳理和分析,以期对苏南城市群的产业发展提供经验借鉴。

美国波士华城市群,其五大主要城市科技中心、经济核心、制造业中心、港口贸易中心以及政治中心的城市功能分工明确,产业层级结构完善,政府制度引导、行业专业指导和市场竞争驱动各城市优势互补、错位发展,进而实现了资源的合理配置及区域产业的协同发展。日本东京都市圈政府主导产业布局,产业空间结构圈层化。欧洲西北部城市群主导产业突出且产业分工多样化、技术创新氛围浓厚,传统产业继承与现代产业转型有机结合。

将三大城市群的情况做比较,主要有以下几个方面的发展经验:

6.4.1　产业结构高级化,金融业起到强力促进作用

通过上述分析以及上表显示,三大城市群第一产业比重较低,第三产业占比较高,大力发挥了第三产业的经济促进和就业带动作用。城市群内的核心城市金融业较发达,同时发展起来的是各种金融服务业,极大地促进了经济增长。东京、纽约、巴黎都是全球金融中心,排名较高,处于世界领先地位。

6.4.2　有较高的研发能力,区域创新系统发展完善

三大城市群集中了大量的高校,拥有较多有较强研发能力的大企业和科研机构。在逐渐打造完善区域创新体系的过程中,具体做法有:积极促进城市群内产学研的合作,注重将科研成果转化为现实所需所用;政府牵线搭桥,在高校和企业之间建立合作平台,促进科研项目合作;注重竞争型创新体系的建立,鼓励大型企业深入开展研发,为城市群内高校、企业等科研机构增加研发经费投入成本。

6.4.3　城市交通便利,配套设施完善

城市群建设了发达的公路、地铁、铁路、航空等一体化交通体系,高效便捷,覆

盖面广,能够合理解决城市群内各城市的连接和交通出行;都注重城市的环境保护问题,发展经济的同时注重环境质量的打造。三大城市群气温变化较小,气候宜人、城市优美、环境质量较高,同时发达的经济水平带来更多的就业机会和发展晋升机会,城市环境宜居宜业。

6.4.4 文化环境多元、包容、开放

城市群内城市往往拥有着较多的移民,在经济发展过程中,会依托良好的城市环境和有利的福利待遇政策来吸引高学历、高素质人才,人口移民较多,因此常孕育出开放、包容、多元的文化氛围。

6.4.5 产业特色和职能分工各异,共同构成城市群一体化优势

城市群中的各个城市都有自身的资源禀赋和比较优势,以此为基础,发挥相应的功能,形成不同的分工,产生集成优势。从发展实际来看,基于职能分工,城市间形成紧密协作的产业体系,以此推动区域经济的一体化进程,并提升产业层次,优化区域布局。

第 7 章　苏南城市群产业结构优化升级的路径选择与策略取向

从前文研究可以得知,苏南城市群三次产业在全国和江苏省均占有重要的地位,而且三次产业间的比例关系持续优化。苏南城市群产业体系比较完备,新兴产业与传统产业协调发展,既有众多的新材料、信息技术、生物医药等高新技术产业集群,也有大量纺织、服装、酒业、机械、轻工、冶金、食品、花木等传统产业集群。这些具有优势的内生性传统产业具有悠久的历史,依托本地优势资源,经过长期的发展演变,逐步形成专业化分工与协作格局,产业集群化发展趋势明显,具有较强的综合竞争力。苏南城市群制造业参与全球分工的程度远高于服务业,制造业的出口远高于服务业,制造业具有较大的竞争优势。但苏南城市群也存在人口红利逐渐消失,对外商投资存在较大依赖,高技术产业规模得到快速发展但对核心技术掌握不够等问题,产业结构优化升级具有紧迫性和现实性。

7.1 苏南城市群产业结构优化升级的路径选择

根据经济全球化发展新态势以及新时代我国产业发展的新阶段和新任务,结合苏南城市群产业发展所处的阶段,以及发展基础、区位、资源、政策等条件,产业结构优化升级应明确发展思路,科学选择发展路径。

7.1.1 构建现代产业体系

产业结构优化升级是一个系统工程,关键是要构建一个适合苏南区情的现代产业体系,核心是要建设一个具有较强竞争力的工业体系特别是制造业体系。具体来看:

第一产业,侧重优化产业布局,产业技术升级的方向应当是重点发展现代农业和生态农业。据调查,苏南亩均产出 3 000~6 000 元的高效农业生产用地为主,亩均产出 1 万元以上的占比小。苏南基本实现区域现代化的农业劳动生产率指标目标值是 10 万元/人,则达标相应的规模经营是人均 30 亩、20 亩、10 亩。目前,苏南农业规模经营人均面积达不到 20 亩,因此需要亩均产出 6 000 元左右。[①]因此,应适当扩大职业农民的经营规模,发展农业企业,建立高端农产品生产基地,推进集约农业、高效农业、旅游农业、科技农业,提高农业劳动生产率。通过推进农业自主创新和科技研发,延长农产品产业链,加快农业信息化建设,推广农业标准生产模式。

第二产业,要综合考量先进制造业、高新技术产业、战略性新兴产业的重点发展领域。在产业转型升级的路径上应高度重视制造业的转型升级,重点发展智能制造,鼓励发展新能源装备,促进以互联网、物联网为代表的信息技术与装备制造业的融合,建立高端装备制造业产业基地,及时发布产业需求信息,支持企业攻关重点核心领域技术。传统重化工业,以石化产业和冶金业为代表,产业技术升级一方面要向高附加值方向发展,引进新一代信息技术,重点研发高端新能源、新材料、智能制造,增加高端供给;另一方面要向绿色低碳方向发展,进行节能、环保技术改造,使用绿色清洁能源,降低二氧化碳排放。轻工业,侧重产品的升级和品牌

---

① 宋林飞.苏南区域率先发展实践与理论的探索[J].南京社会科学,2019(1):1-10.

的打造,着重发展区位优势轻工业与满足市场需求的消费品轻工业,实施品牌发展战略,加快推进技术进步和新产品研发。消费品行业,以电子信息产品、食品、服饰等行业为代表,产业技术升级方向以现代化、时尚化、本地化为主,要以主要满足本地需求为目标,促进产品高端化、本地化。

第三产业,要摒弃过于强调第三产业发展的思维,要看到制造业发展对第三产业的推动作用,应淡化第三产业比重指标。第一,要充分发挥生产性服务业的带动作用,推动生产性服务业专业化分工,促进生产性服务业与第一、二产业深度融合,推动生产性服务业向高端化发展。发展互联网金融等新兴业态,打造金融集聚区;推广网络物流信息平台建设,打造集仓储、加工、配送一体化的物流配送中心;推动大数据、物联网、云计算等新兴信息服务技术在先进装备制造业中的应用,加快对新一代信息技术的研发力度,引进高端信息技术人才,打造高新信息技术产业园;优化提升商务服务业发展水平,打造多功能商贸服务区;加强重点工程技术研究中心建设。第二,要鼓励发展生活性服务业,丰富生活性服务业业态,推动生活性服务业向精细化、高端化发展。打造旅游产业集聚区,重点发展生态旅游,培育旅游信息业态;积极开发新兴体育市场,促进体育传媒、竞赛表演、体育影视、体育周边产品销售等新兴体育业态发展;加强养老设施建设,健全养老服务体系,促进民营资本进入养老产业;适度发展房地产业,活跃二手房市场,有效化解房地产业过剩产能,保持房地产健康发展。具体地说,南京发挥科教资源优势、产业基础优势,以发展战略性新兴产业和高新技术产业为契机,大力发展现代生产性服务业,重点发展金融服务、现代物流、文化创意、教育培训、总部经济等生产性服务业,大力发展旅游会展服务业和软件服务业,建设成更具有影响力和辐射力的区域现代服务业中心。苏州重点发展金融、现代物流、商务服务、软件与服务外包、科技和信心服务等生产性服务业,建设与上海国际金融中心互补的功能性金融中心、现代物流枢纽城市。镇江发展现代服务业的重点是现代物流、现代旅游、文化创意和科技信息服务。常州重点发展生产性服务业、文化创意产业、旅游业和商贸流通业,打造在国内外具有影响力的创意产业基地、职业教育和科技研发基地以及富有特色的区域性生产性服务业基地、休闲度假旅游胜地、物流商贸基地。无锡重点发展电子商务、信息服务、现代物流、研发设计和金融保险等生产性服务业,建设国际服务外包基地、区域性商贸物流中心、长三角休闲旅游中心城市。

7.1.2　重点发展先进制造业和高端服务业

《苏南国家自主创新示范区条例》要求:"示范区重点发展智能制造、新能源、新材料、新一代信息技术、生物医药、节能环保等战略性新兴产业,加快发展物联网、云计算、大数据应用服务以及科技服务、金融服务等现代服务业。"苏南地区的核心城市和经济重心区域经济基础好、科教资源多、创新能力强,是促进科技成果产业化,培育战略性新兴产业的最佳区域。目前,制造业仍然是苏南最具优势的产业,苏南地区已经出现一批具有自主知识产权、在产业链与价值链处于高端的制造业。苏州的纳米材料与生物制药、无锡的物联网与高性能碳纤维产业、南京的软件与智能制造、常州的石墨烯与晶硅太阳电池、镇江的高性能合金材料与先进高分子材料等,这些战略新兴产业快速崛起,成为苏南制造业的比较优势。但苏南制造业在总体上还没有完全走出中低端的基本格局。

现代产业集群是以创新型企业和人才为主体,以知识与技术密集型产业和品牌产品为主要内容,以创新组织网络和商业模式为依托,以有利于创新的制度与文化为环境的产业集群。根据苏南产业基础与区域分工,苏南国家自主创新示范区现代产业集群建设的主要方向,是具有世界竞争力的先进制造业基地。苏南地区高质量发展的主阵地是实体经济,应把高端智能制造业建设成为具有国际竞争力的产业集群,成为开拓国内外市场的引擎。党的十九大报告提出:"推动互联网、大数据、人工智能和实体经济深度融合。"智能制造是《中国制造 2025》确定的主攻方向,是苏南推进工业转型升级的关键抓手。苏南是我国智能产业基地之一,应推进人工智能和制造业深度融合,以新一代人工智能技术的产业化和集成应用为重点,积极打造具有高附加值、高技术含量、高全要素生产率的国际高端智造中心,构建中高端制造现代产业集群。南京市牵头建设软件及信息服务、智能制造装备、智能电网产业集群,打造江苏第一、全国前三、世界有影响力的"产业地标";无锡市牵头建设集成电路专用设备、云计算大数据和物联网、节能环保、新能源(风电)产业集群;常州市牵头建设智能制造装备(先进轨道交通装备)、新能源(光伏)、新材料(石墨烯及应用)产业集群;苏州市牵头建设新能源汽车、新材料(纳米材料)、生物医药和医疗器械产业集群;镇江市牵头重点建设航空航天、新材料(碳纤维)产业集群。

从全球主要城市高端服务业发展比较来看,金融、总部经济、工业设计、高端物流等,是主要的高端服务产业。从苏南城市群产业高质量发展需要来看,应大力发展同先进制造业联动的研发服务、新兴金融、高端贸易、信息服务、专业培训、文化创意、旅游会展等高端服务业,同时大力发展同民生联动的新兴消费、生命健康等高端服务业。

7.1.3　统筹发展创新产业

苏南各地区要着眼整个区域经济社会发展全局,结合自身基础和优势,科学确定自身的产业定位和发展重点,以突出特色和优势互补的差异化发展道路,助力苏南地区创新产业一体化协调发展,夯实苏南自主创新示范区建设的产业基础。苏南各地区在优化产业结构、调整产业布局过程中,要超越本位思想,在苏南乃至长三角一体化发展背景下,合理选择产业重点和发展方向,既要合乎本地区比较优势,又要合乎整个区域的长远发展趋势。苏南各地区在培养战略性新兴产业过程中,既要奋勇争先,努力抢占战略性新兴产业制高点,谋求先行优势;又要注重协调配合,积极开展合作研发、合作生产、合作营销,构建区域新兴产业发展联盟,实现多元共赢的发展格局。苏南各地区在改造升级传统产业过程中,既要注重通过自主创新,对传统优势产业进行升级改造,使传统优势产业焕发新的活力,持续为区域经济增长做出贡献;又要重新审视传统产业的整合和转移,及时将不适应区域发展要求的产业淘汰出局或者进行梯度转移,并且在整个苏南乃至长三角地区推进产业资源整合,提升整个地区传统产业竞争力。[①] 苏南城市群要发展新经济,实施创新驱动发展战略,强化装备制造、信息技术、生物制药、汽车、新材料等高端制造业关键领域创新,发展金融、研发、物流等现代服务业,培育壮大新动能,改造提升传统产业;建设具有全国影响力的科技创新高地,瞄准世界科技前沿领域和顶级水平,成为区域创新网络的重要节点,以及重大科学发展、原创技术发明和高新科技产业培育的重要策源地;成为现代服务业和先进制造业中心,加快推进产业跨界融合,重点发展高附加值产业、高增值环节和总部经济,加快培育以技术、品牌、质量、服务为核心的竞争新优势,打造若干规模和水平居国际前列的先进制造产业集群,形成服务经济主导、智能制造支撑的现代产业体系;依托国家"一带一路"倡议、《长江三角洲城市群发展规划》和自由贸易试验区建设,构

---

① 韩莉.苏南自主创新示范区的统筹布局与一体化协调发展[J].特区经济,2017(12):50-54.

建长江三角洲整体框架内的产业集群和产业链,整体协作开发高新技术领域,利用区域资源优势和交通优势发展中高端主导产业。

7.1.4 坚持产业绿色发展

苏南城市群的经济持续较快的发展,但水污染、空气污染等环境污染不断加剧。2015 年,苏南五市工业废水排放量共 12.78 亿吨;工业源二氧化硫排放量共 40.42 万吨;一般工业固体废物产生量共 6 081.79 万吨。由此可见,苏南城市群产业发展的环境保护能力亟待提高。首先,要增强企业绿色发展意识。企业要树立绿色投资理念,循序渐进地推进绿色投资项目,增强绿色发展意识。政府可以通过绿色金融工具提供资金给企业,以解决中小企业的融资难和融资贵等问题。在此可以借鉴韩国绿色生产的经验,韩国政府为鼓励中小企业实现绿色增长,创新绿色金融市场,保障绿色中小企业健康发展,一期投入 1.1 万亿韩元,设立了绿色专用基金,助力中小企业的低碳环保绿色项目。[①] 由于绿色信贷具有显著的融资惩罚效应和投资抑制效应,企业必须创新并灵活应用绿色金融工具,主动寻求绿色发展转型,增强绿色发展意识。[②] 就金融企业本身而言,与中小商业银行相比,大型商业银行具有规模和获取优质资源的优势,在发放绿色信贷时可以通过比较优势来获取较好的利润。[③] 因此,企业主动践行绿色发展理念,创新绿色发展模式,增强企业绿色发展意识是其自身创新绿色驱动发展的必然要求。对已有的环境污染,企业和政府要尽快采取有效措施进行综合治理。其次,制造型企业要控制好经济发展、资源利用和环境保护之间的平衡,加快传统制造业的转型升级,推动绿色工业园区的建立。在制造业生产过程中,与企业创新相结合,要充分利用好光能、风能、太阳能等清洁能源,大力研发与推广低碳技术,减少非再生能源资源的浪费,从生产自身减少对环境的污染。在制造业的产品输出上,不仅要生产绿色产品,还要减少生产过程中"三废"的排放,并实现废物的循环利用。为了更好地坚持绿色发展,政府相关部门需要加强对企业的监管力度,实行最严格的产业环境准入制度,避免在产业园区建设中产业新的污染,实现产业发展与生

---

① 王遥,王鑫.OECD 国家的城市低碳融资工具创新及对中国的启示[J].国际金融研究,2013(8):33-41.

② 曹明弟.论"一带一路"绿色金融相关主体行为要领[J].环境保护,2017,45(16):11-18.

③ 郭文伟,刘英迪.绿色信贷、成本收益效应与商业银行盈利能力[J].南方金融,2019(9):40-50.

态环境保护双赢。最后,要倡导公众绿色消费意识。倡导绿色消费是从需求端解决环境危机问题,培育绿色消费意识可以改变消费者偏好,通过市场供求机制带动绿色产业发展,能从根源上促进产业结构转型。一方面,要通过正确的舆论导向使公众形成关心环境问题和支持节能减排的环保理念,促使公众践行绿色意识,例如践行水资源节约就是较好例证[①];另一方面,要大力推行个人绿色消费,促进低碳环保产品和技术的推广应用。例如 2007 年巴克莱银行推出了"绿色呼吸卡",对持卡用户购买绿色产品和服务予以价格折扣和借款利率优惠,并将该卡税后利润的 50% 以及消费金额的 0.5% 用于支持应对气候变化的项目。[②] 消费者绿色意识的增强有利于产业的绿色发展升级。

---

① 高晓燕,王远,赵晓卉.绿色金融发展对我国水资源节约的影响研究[J].环境保护,2019,47(20):43-45.

② 林啸.低碳经济背景下我国绿色金融发展研究[D].广州:暨南大学,2011.

7.2 苏南城市群产业结构优化的策略取向

7.2.1 完善战略体系,强化区域内政府间的协调与合作

完善区域协调机制,合理规划安排产业升级和转移对于促进产业错位发展至关重要,由于城市群经济发展的整体性,核心城市不仅要积极发挥优势、保障自身发展,还要适当配合周边城市的发展。目前苏南城市群的产业仍有同构趋势,南京都市圈、苏州都市圈之间存在一定的竞争过度现象。要通过协调机制,限制过度竞争,统筹协调并合理分配各城市之间的利益关系,加强城市间的内部经济联系,促进城市群区域经济的整体发展。具体来看,要立足"1+3"主体功能区战略,积极对接"一带一路"、长江经济带、长三角城市群、沿海开发、苏南现代化建设示范区、苏南国家自主创新示范区、南京江北新区等国家战略,制定科学的区域产业协调发展战略规划,构建统一权威高效的战略决策与协调平台,进一步理顺不同战略之间的互动关系,形成完备的区域产业协调发展战略体系。在推动苏南城市群区域产业高质量发展中,必须强化区域间政府的协调与合作,需要在制度安排上统筹兼顾,必须进行制度创新,降低制度性交易成本和要素成本,释放区域产业协同发展的制度红利,建立并完善区域产业协调发展的长效机制,增强政府的制度创新供给,形成一套相对完善的制度安排体系,通过制度创新驱动区域产业高质量发展。

7.2.2 明确政府与市场的职责与分工,促进区域市场一体化发展

区域经济一体化能有效扩大产品的市场范围,促进资源和要素的跨区域流动,进而产生投资扩大效应和产业转移效应,提升要素投资回报率,进而产生更大的本地竞争效应,促进本地企业技术创新和产业升级,推动区域经济的一体化发展。[①] 因此市场一体化既是区域经济一体化的驱动力,也是区域经济一体化的自然结果。在促进苏南城市群产业结构优化发展过程中,要打破苏南地区行政区划导致的市场分割,弱化行政手段对市场机制的干预,形成一个"统一、开放、竞争、

---

① 吴俊,杨青.长三角扩容与经济一体化边界效应研究[J].当代财经,2015(7):86-97.

有序"的区域大市场,让市场真正成为决定要素价格和流向的主导力量,尊重市场规律,发挥市场对资源和要素的配置效应,促进要素在区域内自由流动,促进区域产业结构优化发展。政府和市场在促进区域经济一体化发展的过程中要各有分工。培育层次完备、类型齐全、规则健全、运行高效的市场体系,主要由市场决定经济资源在不同区域的配置,根据市场法则确定产业发展的重点领域和转型升级的主攻方向。建设学习型、服务型、廉洁型、效率型的强政府,明确政府在区域协调发展中的角色定位和职能边界,政府要在宏观调控和精准施策方面不错位,在监督预警区域系统性风险方面不失位,在市场机制不能有效解决的问题上发挥更大的作用,弥补市场机制的不足,妥善解决苏南城市群产业优化升级中的公共产品及外部性问题、区域知识产权保护问题、收入分配不平等问题以及区域基础设施建设和生态环境保护等问题,实现产业协调优化发展。注重培育政府与市场之间的缓冲地带,发挥公益性社会组织的补充作用,引导企业履行社会责任,凝聚全社会的力量共同致力于区域产业协调发展。

7.2.3　注重科技创新,提升科技创新对区域产业升级的溢出效应

科技是第一生产力,科技创新直接影响区域产业结构的优化和升级。科技创新通过新技术、新工艺、管理新模式有效地推动产业结构的优化,同时也成为产业结构升级的强有力杠杆。[①] 苏南城市群依托良好的区位优势和雄厚的经济优势,集聚了大量的创新资源和创新产业,2012 年苏南专利授权量和高新技术产业产值占全省的比重分别为 72% 和 64%,2016 年有所下降,仍分别高达 62% 和 55%。2017 年,苏南有两个市的发明专利授权量位列全国前十:苏州、南京。南京万人发明专利拥有量 49.7 件,低于北京(94.69 件),高于杭州(47.7 件)、上海(41.5件)等。苏南城市群核心城市拥有 3 所国家"双一流"建设高校和 60 多个"双一流"建设学科,此外还拥有数量众多的各类国家级科学研究机构及多所中外合作大学(如西交利物浦大学、昆山杜克大学等),具有强大科技创新要素和显著的科技创新优势,对苏南地区的科技创新具有较强的示范带动效应和空间溢出效应。具体来看,一是主动对接上海。苏南城市群在推动区域产业高质量发展过程中,应主动对接上海"全球科创中心"建设,整合核心城市的科技创新要素,在前瞻性

---

① 李为.金融危机后产业结构升级方向性的选择[J].国际经贸探索,2010,26(9):34 – 39.

基础研究、重大科技应用研究和前沿交叉学科研究领域开展跨区域合作,依托苏南地区科技产业协会,推动科技创新成果的地区间转移和产业化转化,注重科技创新对区域产业发展的促进作用,提升科技创新对苏南城市群产业高质量发展的空间溢出效应。二是加强城市间的创新协同。苏南各城市政府应该充分认识在江苏以及长三角城市群建设中的优势、定位和发展方向,主动与创新技术较先进、创新资源较充足、创新经验较丰富、处于网络中心的城市开展协同创新,发挥政府引导、政策优惠在技术创新协同发展中的引领作用。特别是具有地理邻近优势的城市,如"宁镇扬""苏锡常",更应该发挥地缘优势,通过签订战略合作协议等形式,带动逐步实现从"小组团"到"大协同"的跨越发展,逐步形成苏南城市群技术创新共同体。三是鼓励个体间技术创新协同。鼓励有技术创新实力的高校或科研机构,诸如南京大学、东南大学、中科院南京分院等,积极与各城市建立地方研究院,在协同创新中服务苏南城市群产业协同发展;鼓励高校或科研机构与企业建立联合创新平台,推动城市技术创新协同;鼓励有实力的集团企业在不同城市,特别是在土地资源有潜力、人力资源较丰富的城市开设分公司/企业或分支机构,发挥集团企业技术邻近的优势。

7.2.4　鼓励平等竞争,让企业成为区域产业升级的主体

与政府推进区域经济一体化的外部驱动力不同,资源和要素在区域内的自由流动和企业间公平竞争是促进区域经济一体化的内在驱动力。[①] 企业是市场经济活动的主体,是社会财富创造的重要载体。企业的发展,尤其是龙头企业的发展,决定了一个国家或地区经济发展的质量水平。"公有制为主体、多种所有制经济共同发展"是中国的基本经济制度,党的十九大报告指出"毫不动摇巩固和发展公有制经济,毫不动摇鼓励、支持、引导非公有制经济发展"。苏南城市群国有企业众多,国企大多处于关系国家安全、经济命脉和民生的关键领域或重要行业,是国民经济发展的中坚力量,对苏南产业结构的优化与升级具有重要意义。政府只有搭建良好的竞争平台和制定统一有效的竞争规则,协调好各地区政府的行为,鼓励平等竞争、保证竞争中性原则、保护竞争而非竞争者,才能有效保证区域内资源和要素的自由流动,并促进企业之间的公平竞争和创新,让企业成为区域产业

---

①　徐琴.多中心格局下的长三角一体化发展[J].现代经济探讨,2018(9):36-40.

高质量发展的行为主体。大型龙头企业是产业结构优化升级的主导力量,是促进产业集群发展、加快产业结构优化升级的发动机。[①] 苏南城市群各地方政府要抛弃传统的"条块思维"和"地方利益",站在区域一体化高质量发展的战略高度,鼓励和支持具有竞争优势的大型企业在苏南区域及更大范围内的兼并收购行为,组建更大规模的企业集团,提高大型企业集团的资产运营效率和国际市场竞争力,更好地参与国际市场竞争和服务区域一体化发展国家战略,促进苏南城市群区域产业高质量协调发展。苏南城市群政府应在扩张政府引导基金规模的基础上,加快建立产业基金引导体系,促进区县级和地市级基金发展,以进一步提升作用效果,持续推动企业创新和产业升级。同时,金融政策及其他政策措施应当协同配合,以尊重市场和人才、倡导自主创新为核心,升级消费结构,拓展对外服务贸易,提高财政政策和产业政策效率,实施乡村振兴战略,建立工业信息化 3.0 和智能化 4.0 体系,加快发展现代服务业。

7.2.5　强化要素支撑,突破产业高质量发展的瓶颈约束

一是鼓励多渠道资金投入。加大财政投入,提高财政资金使用效率,以财政专项资金为主导,吸引民间资本参与,共同组建不同层次的产业发展投资基金。对于符合区域产业发展战略规划的重大建设项目,给予多元化的融资支持,既可以通过政府贴息鼓励银行予以贷款,也可以优先支持以项目为基础发行债券。二是坚持集约化的土地供给。坚持集约节约规划使用土地,对符合区域产业优先发展战略的建设项目优先满足用地需求。鼓励重大基础设施的共建共享,适度控制土地开放强度,提高土地资源的利用效率。以区域重点产业发展为导向,加强土地连片整治工作,提高区域的土地自给能力。三是搭建专业化的信息和技术共享平台。建设多层次、多类型、多功能的线上线下一体化的专业化、权威化的信息平台,降低区域发展主体的信息获取成本和交易成本。加强技术研发和科技成果转化,围绕区域产业发展的重大技术需求开展联合攻关,形成有自主知识产权的重大科技创新成果。鼓励不同城市之间的信息和技术共享,打破区域产业发展的信息壁垒和技术瓶颈。四是集聚高素质人才资源。提高人力资本投资规模和质量,着力培养适合区域产业发展需要的高素质人才资源,加大人才引进力度,探索多

[①]　赵秀丽,王晓峰.大企业是我国产业结构优化升级的主导力量[J].中国特色社会主义研究,2003(4): 78 – 81.

种形式的优秀人才功能性使用机制,建设苏南城市群人才资源集聚高地。坚持以人为中心的产业协调发展战略,高质量建设一批跨区域的民生工程,全面提升社会保障、教育和医疗服务的跨区域流动性,增强重点开发区对于优秀人才的吸引力。强化对劳动力的职业培训,提升劳动力的总体素质,扫除劳动力流动的体制壁垒,以高质量的人力资源流促进区域产业高质量发展。

7.2.6 加快发展绿色金融,促进产业结构升级

绿色金融重点支持生态环保及相关产业,促进经济社会与生态环境的协调融合发展,从而推动产业结构转型升级。绿色金融与产业结构调整的关系及其效果到底如何,学者们做了诸多研究。已有研究结果表明:绿色服务渠道越宽,其绿色金融的支持产业结构转型的力度越大[①];绿色信贷与我国第二产业关联度最大,其次是第一产业,最弱的是第三产业[②];分析中国省际面板数据得出,与技术进步间接地作用于产业结构优化的效果相比,绿色信贷直接作用的效果更为显著,并且长期效果比短期更好[③];从绿色金融对产业结构调整的长期效果看,有利于产业结构的调整,尤其是有利于发达地区的产业结构调整[④];从时间上看,一个地区在产业结构调整和升级中,随着绿色金融的发展,其对该区域的发展促进作用越来越强。[⑤] 因此,苏南城市群政府、企业和金融机构需要共同努力,以绿色信贷为抓手,着眼长远,创新绿色金融产品和工具以加快促进产业结构转型升级。一是完善绿色金融体系,丰富绿色金融工具。苏南城市群要参照"赤道原则"设立专业绿色金融机构、完善绿色金融体系、中介机构和产学研相结合的协同创新中心,分别充分发挥绿色金融机构的专业化、创新性和全方位持续的绿色金融能力建设作用;要积极依托"互联网+",加强绿色金融市场及产品建设,诸如加强绿色信贷、

---

① Street P, Monaghan P E. Assessing the Sustain-ability of Bank Service Channels: The Case of the Co-operative Bank[M]. Sheffield: Sustainable Banking: The Greening of Finance, 2001.

② 龙云安,陈国庆."美丽中国"背景下我国绿色金融发展与产业结构优化[J].企业经济,2018(4):11-18.

③ 张云辉,赵佳慧.绿色信贷、技术进步与产业结构优化——基于 PVAR 模型的实证分析[J].金融与经济,2019(4):43-48.

④ 张云辉,赵佳慧.绿色信贷、技术进步与产业结构优化——基于 PVAR 模型的实证分析[J].金融与经济,2019(4):43-48.

⑤ 刘霞,何鹏.绿色金融在中部地区经济发展中的影响效应研究[J].工业技术经济,2019,38(3):76-84.

绿色基金和绿色账户等传统产品的创新,大力拓展绿色融资领域的直接融资力度,扩大绿色信贷规模,推动金融产品的多元化创新。二是搭建统一的绿色金融平台,强化绿色产业扶持。由于绿色金融对绿色产业扶持的作用机理依产业发展阶段的不同而不同[①],因此,这需要多个主体、多个途径和多种资本的配合,需要根据产业发展阶段的不同而大力协调发展绿色金融市场,需要综合灵活运用公共性绿色金融、混合型绿色金融和市场型绿色金融支持不同发展阶段的绿色产业发展。苏南城市群要搭建统一的绿色金融市场平台,引导和鼓励银行机构设立绿色信贷专营机构,建立完善绿色信贷专营机制,安排绿色信贷专项规模,对绿色信贷项目优先审批,在财务资源等方面做出专项安排,用于支持绿色金融业务发展。创新发展绿色金融市场工具,推广绿色中小企业集合债券、绿色资产支持证券、绿色债权转股权、绿色 PPP(政府和社会资本合作)项目信托计划、绿色融资租赁金融债券、绿色融资租赁超短期融资券等提升绿色金融服务的层次,促进金融资本和产业资本的良性互动以实现产业共赢目标。同时,根据国家发展改革委发布的《绿色产业指导目录(2019 版)》的要求,加大能源、生态环境、农产品等绿色领域和产品的金融扶持力度,进一步明确绿色金融重点支持的领域和方向。三是探索建立区域绿色金融标准。以绿色项目库建设为抓手,从项目库评选标准入手,探索构建苏南城市群绿色项目的认定标准,明确绿色项目的认定程序与方法,整合统一绿色信贷、绿色债券标准,建成具有苏南特色、便于复制推广、具有国际前瞻性的绿色标准体系。四是夯实苏南城市群绿色金融基础设施。建立统一的公共环境数据平台,培育并规范绿色认证评级机构,完善上市公司和发债企业强制性环境信息披露制度等,各级环保部门及时将环保处罚、环境评价等企业环境信息纳入征信系统,持续提升市场透明度,营造良好的绿色金融生态。

---

① 苏任刚,赵湘莲,程慧.绿色金融支持绿色产业发展的作用机理、路径分析[J].财会月刊,2019(11):153 – 158.

参考文献

［1］ 2018 年杭州市国民经济和社会发展统计公报［EB/OL］. ［2019 - 03 - 04］. http://www. hangzhou. gov. cn/art/2019/3/4/art _ 805865 _ 30593279. html.

［2］ 2018 年上海市国民经济和社会发展统计公报［EB/OL］. ［2019 - 06 - 17］. http://www. shanghai. gov. cn/nw2/nw2314/nw2318/nw26434/u21aw1388491. html.

［3］ Akkemik K A. Labor Productivity and Inter-Sectoral Reallocation of Labor in Singapore(1965 - 2002)［J］. Forum of International Development Studies，2005(30):1 - 22.

［4］ Amiti M. New Trade Theories and Industrial Location in the EU: A Survey of Evidence［J］. Oxford Review of Economic Policy，1998,14(2):45 - 53.

［5］ Arthony J. Venables. Cities and Trade: External Trade and Internal Geography in Developing Economies［J］. NBER,Working Paper，2000.

［6］ Audretsch D B,Feldman M P. R&D Spillovers and the Geography of Innovation and Production［J］. American Economic Review，1996,86(3): 630 - 640.

［7］ Baigent E. Patrick Geddes, Lewis Mumford，Jean Gottmann. Divisions over 'Megalopolis'［J］. Progress in Human Geography，2004,28(6):687 - 700.

［8］ Baldwin R E，Forslid R. The Core-periphery Model and Endogenous Growth:Stabilising and Destabilising Integration［EB/OL］. ［2010 - 12 - 18］. http://www. nber. org/papers/w6 899. pdf.

［9］ Black D, Henderson J V. A Theory of Urban Growth［J］. Journal of Political Economy，1999,107(2):252 - 284.

[10] Boppart T. Structural Change and the Kaldor Facts in a Growth Model With Relative Price Effects and Non-Gorman Preferences[J]. Econometrica, 2014,82(6):2167 - 2196.

[11] Combes P P. Economic Structure and Local Growth: France, 1984 - 1993[J]. Journal of Urban Economics, 2000,47(3):329 - 355.

[12] Davis J C, Henderson J V. Evidence on the Political Economy of the Urbanization Process[J]. Journal of Urban Economics, 2003,53(1): 98 - 125.

[13] Denison E F. Accounting for United States Economic Growth,1929 - 1969[M]. Washington: Brookings Institution Press, 1974.

[14] Desmet K, Ghani E, O'Connell S D,et al. The Spatial Development of India[J]. Journal of Regional Science, 2015,55(1):10 - 30.

[15] Dixit A, Stiglitz J. Monopolistic Competition and Optimal Product Diversity[J]. American Economic Review, 1977(67):297 - 308

[16] Dumais G, Ellison G, Glaeser E L. Geographic Concentration as a Dynamic Process[Z]. NBER Working Paper, 1997:6270.

[17] Dunn E S. A Statistical and Analytical Technique for Regional Analysis[J]. Papers of Regional Science Association, 1960(6):97 - 112.

[18] Duranton G, Puga D. From Sectoral to Functional Urban Specialization[J]. Journal of Urban Economics, 2005,57(2):343 - 370.

[19] Eichengreen B, Park D, Shin K. When Fast-Growing Economies Slow Down: International Evidence and Implications for China[J]. Asian Economic Papers, 2012,11(1):42 - 87.

[20] Ellison G, Glaeser E L, Kerr W. What Causes Industry Agglomeration? Evidence from Conglomeration Patterns[EB/OL]. [2007 - 04 - 03]. http://www.hbs.edu/research/pdf/07 - 064.pdf.

[21] Fawcett C B. Distribution of the Urban Population in Great Britain[J]. Geographical Journal, 1932,79(2):100 - 113.

[22] Fujita M, Krugman P, Venables A J. The Spatial Economy: Cities, Regions, and International Trade[M]. Cambridge: MIT Press, 1999.

[23] Gao T. Regional Industrial Growth: Evidence from Chinese Industries[J]. Regional Science and Urban Economics, 2004,34(1):101 – 124.

[24] Gereffi G. International Trade and Industrial Upgrading in the Apparel Chain[J]. Journal of International Economies, 1999(48):37 – 70.

[25] Gottmann J. Megalopolis or the Urbanization of the Northeastern Seaboard[J]. Economic Geography, 1957,33(3):189 – 200.

[26] Haaland J I, Kind H J, Midelfart-Knarvik K H, et al. What Determines the Economic Geography of Europe[Z]. NSEBA Discussion Paper, 1998:19.

[27] Hall P, Pain K. The Polycentric Metropolis: Learning From Mega-City Regions in Europe[M]. London:Earthscan,2006.

[28] Hanson G H. Market Potential, Increasing Return, and Geographic Concentration[Z]. NBER Working Paper, 1998:6429.

[29] Henderson J V. The Sizes and Types of Cities[J]. American Economic Review, 1974,64(4):640 – 656.

[30] Hirschman A O. Strategy of Economic Development[M]. New Haven: Yale University Press, 1985.

[31] Krugman P. Geography and Trade[M]. Cambridge: MIT Press, 1991.

[32] Krugman P. Increasing Returns and Economic Geography[J]. Journal of Political Economy, 1991,99(3):483 – 499.

[33] Kunzmann K R, Wegener M. The Pattern of Urbanization Western Europe[J]. Ekistics, 1991,50(2):156 – 178.

[34] Kuznets S. Economic Growth of Nations: Total Output and Production Structure[M]. Cambridge: Harvard University Press, 1971.

[35] Lanaspa L F, Pueyo F, Sanz F. The Public Sector and Core-Periphery Models[J]. Urban Studies, 2001(38):1639 – 1649.

[36] Marshall A. Principles of Economics[M]. London:Macmillan,1890.

[37] Martin P, Ottaviano G I P. Growing Locations: Industry Location in a Model of Endogenous Growth[J]. European Economic Review, 1999, 43(2):281 – 302.

[38] Martin P, Rogers C A. Industrial Location Public Infrastructure[J]. Journal of International Economics, 1995,39(3 – 4):335 – 351.

[39] Mcgee G W, Ford R C. Two (or more?) Dimensions of Organizational Commitment: Reexamination of the Affective and Continuance Commitment Scales[J]. Journal of Applied Psychology, 1987,72(4):638 - 641.

[40] Moir H. Relationships between Urbanization Level and the Industrial Structure of the Labor Force[J]. Economic Development and Cultural Change, 2006,25(1):123 - 135.

[41] Moomaw R L, Shatter A M. Urbanization and Economic Development: A Bias Toward Large Cities? [J]. Journal of Urban Economics, 1996, 40(1):13 - 37.

[42] Nakamura R. Agglomeration Economies in Urban Manufacturing Industries: A Case of Japanese Cities[J]. Journal of Urban Economics, 1985,17(1):108 - 124.

[43] Ngai L R, Pissarides C. Structural Change in a Multi-Sector Model of Growth[J]. The American Economic Review, 2007,97(1):429 - 444.

[44] Pandy S M. Nature and Determinants of Urbanization in a Developing Economy: The Case of India[J]. Economic Development and Cultural Change, 1997,25(2):265 - 278.

[45] Pines D, Zilcha I. Topics in Public Economics[J]. Cambridge Books, 1998.

[46] Poon T. Shuk-Ching. Beyond the Global Production Networks: A Case of Further Upgrading of Taiwan's Information Technology Industry[J]. International Journal of Technology and Globalisation, 2004(1):130 - 144.

[47] Porter M E. Competitive Advantage, Agglomeration Economies, and Regional Policy[J]. International Regional Science Review, 1996,19(12): 85 - 90.

[48] Porter M E. The Competitive Advantage of Nations[M]. London: Macmillan, 1990.

[49] Porter M E. Competitive Strategy[M]. New York: The Free Press, 1980.

[50] Scott A J. Regional Motors of the Global Economy[J]. Future, 1996,28(5): 391 - 411.

[51]　Silva E, Teixeira A. Surveying Structural Change：Seminal Contributions and a Bibliometric Account[J]. Structural Chang and Economic Dynamics, 2008,19(4):273-300.

[52]　Street P, Monaghan P E. Assessing the Sustain-ability of Bank Service Channels：The Case of the Co-operative Bank[M]. Sheffield：Sustainable Banking：The Greening of Finance, 2001.

[53]　Weber A. The Theory of the Location of Industries[M]. Chicago：The University of Chicago Press, 1965.

[54]　Zhou Y X. Definition of Urban Place and Statistical of Urban Population in China：Problem and Solution[J]. Asian Geography, 1988(7):12-18.

[55]　艾萨德. 区位与空间经济——关于产业区位、市场区、土地利用、贸易和城市结构的一般理论[M]. 杨开忠, 沈体雁, 方森, 等译. 北京：北京大学出版社, 2011.

[56]　安礼伟, 张二震. 对外开放与产业结构转型升级：昆山的经验与启示[J]. 财贸经济, 2010(9):70-74.

[57]　奥沙利文. 城市经济学[M]. 周京奎, 译. 6 版. 北京：北京大学出版社, 2008.

[58]　巴顿. 城市经济学：理论和政策[M]. 北京：商务印书馆, 1984.

[59]　白极星, 周京奎. 研发聚集、创新能力与产业转型升级：基于中国工业企业数据实证研究[J]. 科学决策, 2017(1):1-17.

[60]　白雪梅, 赵松山. 浅议地区间产业结构差异的测度指标[J]. 江苏统计, 1995(12):17-20.

[61]　北京市 2018 年国民经济和社会发展统计公报发布[EB/OL]. [2019-03-20]. https://baijiahao.baidu.com/s? id=1628476825719356833.

[62]　毕学成, 谷人旭, 苏勤. 产业集聚背景下制造业省内转移过程与机理[J]. 河海大学学报(哲学社会科学版), 2018,20(3):77-84.

[63]　蔡悦灵, 吴功亮, 林汉川. 产业结构升级对中国城市群城市化影响机制的实证检验[J]. 统计与决策, 2019,35(20):125-129.

[64]　曹明弟. 论"一带一路"绿色金融相关主体行为要领[J]. 环境保护, 2017,45(16):11-18.

[65] 陈红儿,陈刚.区域产业竞争力评价模型与案例分析[J].中国软科学,2002(1):99-104.

[66] 陈建军,杨书林,黄洁.城市群驱动产业整合与全球价值链攀升研究——以长三角地区为例[J].华东师范大学学报(哲学社会科学版),2019,51(5):90-98.

[67] 陈静,叶文振.产业结构优化水平的度量及其影响因素分析——兼论福建产业结构优化的战略选择[J].中共福建省委党校学报,2003(1):44-49.

[68] 陈柳钦.新的区域经济增长极:城市群[J].福建行政学院学报,2008(4):74-79.

[69] 陈明森.自主成长与外向推动:产业结构演进模式比较[J].东南学术,2003(3):51-66.

[70] 陈文福.西方现代区位理论述评[J].云南社会科学,2004(2):62-66.

[71] 陈耀,汪彬.大城市群协同发展障碍及实现机制研究[J].区域经济评论,2016(2):37-43.

[72] 陈自芳.区域经济学新论[M].北京:中国财政经济出版社,2011.

[73] 仇方道,唐晓丹,张纯敏,等.江苏省工业转型的时空分异特征与机理[J].地理研究,2015,34(4):787-800.

[74] 戴宾.城市群及其相关概念辨析[J].财经科学,2004(6):101-103.

[75] 邓立治,许彬,何维达.中国产业竞争力评价研究现状及展望[J].科技管理研究,2015(12):50-55.

[76] 董黎明,孙胤社.市域城镇体系规划的若干理论方法[J].地理与地理信息科学,1988(3):19-25.

[77] 董黎明.中国城市化道路初探[M].北京:中国建筑工业出版社,1989.

[78] 杜龙政,常茗.中国十大城市群产业结构及产业竞争力比较研究[J].地域研究与开发,2015(1):50-54.

[79] 杜能.孤立国同农业和国民经济的关系[M].吴恒康,译.北京:商务印书馆,1986.

[80] 方创琳.城市群空间范围识别标准的研究进展与基本判断[J].城市规划学刊,2009(4):1-6.

[81] 方敏,杨胜刚,周建军,等.高质量发展背景下长江经济带产业集聚创新发展路径研究[J].中国软科学,2019(5):137-150.

［82］ 方维慰.江苏产业空间优化的实践模式与动力机制［J］.江苏社会科学，2017(5):256-262.

［83］ 付凌晖.我国产业结构高级化与经济增长关系的实证研究［J］.统计研究，2010,27(8):79-81.

［84］ 傅元海,叶祥松,王展祥.制造业结构变迁与经济增长效率提高［J］.经济研究,2016,51(8):86-100.

［85］ 干春晖,郑若谷,余典范.中国产业结构变迁对经济增长和波动的影响［J］.经济研究,2011,46(5):4-16,31.

［86］ 高晓燕,王远,赵晓卉.绿色金融发展对我国水资源节约的影响研究［J］.环境保护,2019,47(20):43-45.

［87］ 龚秀萍,孙海清."苏南模式"的产生背景及其对中国的启示［J］.经济研究导刊,2009(36):50-51.

［88］ 顾朝林.中国城镇体系——历史·现状·展望［M］.北京:商务印书馆,1992.

［89］ 广州市 2018 年国民经济和社会发展统计公报［EB/OL］.［2019-04-06］.http://www.tjcn.org/tjgb/19gd/35890.html.

［90］ 郭凯明,杭静,颜色.中国改革开放以来产业结构转型的影响因素［J］.经济研究,2017,52(3):32-46.

［91］ 郭克莎.结构优化与经济发展［M］.广州:广东经济出版社,2001.

［92］ 郭文伟,刘英迪.绿色信贷、成本收益效应与商业银行盈利能力［J］.南方金融,2019(9):40-50.

［93］ 韩晶,酒二科.以产业结构为中介的创新影响中国经济增长的机理［J］.经济理论与经济管理,2018(6):51-63.

［94］ 韩莉.苏南自主创新示范区的统筹布局与一体化协调发展［J］.特区经济,2017(12):50-54.

［95］ 韩永辉,黄亮雄,王贤彬.产业政策推动地方产业结构升级了吗？——基于发展型地方政府的理论解释与实证检验［J］.经济研究,2017,52(8):33-48.

［96］ 韩永辉,黄亮雄,邹建华.中国经济结构性减速时代的来临［J］.统计研究,2016,33(5):23-33.

[97] 韩增林,王茂军,张学霞.中国海洋产业发展的地区差距变动及空间集聚分析[J].地理研究,2003,22(3):289 - 296.

[98] 何菊莲,李军,赵丹.高等教育人力资本促进产业结构优化升级的实证研究[J].教育与经济,2013(2):48 - 55.

[99] 何平,陈丹丹,贾喜越.产业结构优化研究[J].统计研究,2014(7):31 - 37.

[100] 何枭吟.新经济地理学理论与实证研究综述[J].改革与战略,2010,26(12):176 - 178.

[101] 洪银兴,陈宝敏.苏南模式的演进和发展中国特色社会主义的成功实践[J].经济学动态,2009(4):22 - 25.

[102] 胡东婉,宋玉祥.中国东北地区产业集聚与可持续发展研究[J].哈尔滨工业大学学报(社会科学版),2019,21(3):136 - 140.

[103] 黄秉杰,孙旭杰.产业结构与经济增长动态关系的探讨——基于 VAR 模型的山东省实证分析[J].技术经济与管理研究,2013(5):109 - 113.

[104] 黄寰.论自主创新与区域产业结构优化升级[D].成都:四川大学,2006.

[105] 黄佳金.城市产业结构升级研究的趋势分析[J].区域经济评论,2019(1):150 - 156.

[106] 黄庆华,周志波,刘晗.长江经济带产业结构演变及政策取向[J].经济理论与经济管理,2014(6):92 - 101.

[107] 黄群慧,黄阳华,贺俊,等.面向中上等收入阶段的中国工业化战略研究[J].中国社会科学,2017(12):94 - 116.

[108] 黄燕萍,刘榆,吴一群,等.中国地区经济增长差异:基于分级教育的效应[J].经济研究,2013,48(4):94 - 105.

[109] 纪成君,孙晓霞.信息化、城镇化与产业结构升级的互动关系[J].科技管理研究,2019(21):194 - 199.

[110] 贾康,徐林,李万寿,等.中国需要构建和发展以改革为核心的新供给经济学[J].财政研究,2013(1):2 - 15.

[111] 江曼琦.对城市群及其相关概念的重新认识[J].城市发展研究,2013,20(5):30 - 35.

[112] 江瑶,高长春.长三角高技术产业细分行业集聚影响因素研究——基于面板数据的半参数模型[J].经济问题探索,2017(3):115 - 122,148.

[113] 靖学青.产业结构高级化与经济增长对长三角地区的实证分析[J].南通大学学报(社会科学版),2005,21(3):45-49.

[114] 克里斯塔勒.德国南部中心地原理[M].常正文,王兴忠,等译.北京:商务印书馆,2010.

[115] 孔庆洋,黄慧慧.服务业集聚、市场潜能与行业收入差距——基于空间回归模型的分析[J].安徽师范大学学报(人文社会科学版),2018,46(2):69-81.

[116] 库兹涅茨.各国的经济增长[M].常勋,等译.北京:商务印书馆,1999.

[117] 库兹涅茨.现代经济增长:速度、结构与扩展[M].戴睿,易诚,译.北京:北京经济学院出版社,1989.

[118] 魁奈.魁奈《经济表》及著作选[M].晏智杰,译.北京:华夏出版社,2006.

[119] 蓝发钦,黄嬿.长三角产业集聚的经济效益分析——基于静态和动态空间计量杜宾模型[J].华东师范大学学报(哲学社会科学版),2019,51(2):163-171.

[120] 勒施.经济空间秩序[M].王守礼,译.北京:商务印书馆,2010.

[121] 李成刚,杨兵,苗启香.技术创新与产业结构转型的地区经济增长效应——基于动态空间杜宾模型的实证分析[J].科技进步与对策,2019,36(6):33-42.

[122] 李程骅.中国城市转型研究[M].北京:人民出版社,2013.

[123] 李稻葵.“十三五”时期需要什么样的供给侧改革[N].人民政协报,2015-12-08(5).

[124] 李娣.欧洲西北部城市群发展经验与启示[J].全球化,2015(10):41-52,15.

[125] 李洪亚.产业结构变迁与中国OFDI:2003—2014年[J].数量经济技术经济研究,2016,33(10):76-93.

[126] 李建新,杨永春,蒋小荣,等.中国制造业产业结构高级度的时空格局与影响因素[J].地理研究,2018,37(8):1558-1574.

[127] 李江涛,孟元博.当前产业升级的困境与对策[J].国家行政学院学报,2008(5):81-84,96.

[128] 李军,孙彦彬.产业结构优化模型及其评价机制研究[M].广州:华南理工大学出版社,2009.

[129] 李君华.产业集聚与布局理论——以中国制造业为例[M].北京:经济科学出版社,2010.

[130] 李克.经济转型产业升级[M].北京:北京理工大学出版社,2011.

[131] 李兰冰.区域产业结构优化升级研究[M].北京:经济科学出版社,2015.

[132] 李力行,申广军.经济开发区、地区比较优势与产业结构调整[J].经济学(季刊),2015,14(2):885 - 910.

[133] 李为.金融危机后产业结构升级方向性的选择[J].国际经贸探索,2010,26(9):34 - 39.

[134] 李翔,邓峰.科技创新、产业结构升级与经济增长[J].科研管理,2019,40(3):84 - 93.

[135] 李翔,邓峰.中国产业结构优化对经济增长的实证分析[J].工业技术经济2017,36(2):3 - 9.

[136] 李晓阳,吴彦艳,王雅林.基于比较优势和企业能力理论视角的产业升级路径选择研究——以我国汽车产业为例[J].北京交通大学学报(社会科学版),2010,9(2):23 - 27.

[137] 李玉凤.黑龙江省产业结构优化及仿真[D].哈尔滨:哈尔滨理工大学,2009.

[138] 厉以宁.论从供给方面发力[N].北京日报,2015 - 12 - 07(17).

[139] 梁琦,刘厚俊.空间经济学的渊源与发展[J].江苏社会科学,2002(6):61 - 66.

[140] 梁琦.中国工业的区位基尼系数——兼论外商直接投资对制造业集聚的影响[J].统计研究,2003(9):21 - 25.

[141] 林啸.低碳经济背景下我国绿色金融发展研究[D].广州:暨南大学,2011.

[142] 林毅夫.供给侧改革不应照搬西方理论[Z].光明网,2015 - 12 - 28.

[143] 刘炳辉,李晓青.海峡西岸经济区产业竞争力实证研究[J].统计研究,2007,24(12):18 - 21.

[144] 刘德海,刘西忠.改革开放以来江苏区域发展的历史进程与经验启示[J].现代经济探讨,2018(12):1 - 6.

[145] 刘德权,邢玉升."一带一路"战略下东北地区产业结构转型升级研究[J].求是学刊,2016,43(3):60 - 66.

［146］ 刘贵清.日本城市群产业空间演化对中国城市群发展的借鉴[J].当代经济研究,2006(5):40－43.

［147］ 刘汉初,樊杰,张海朋,等.珠三角城市群制造业集疏与产业空间格局变动[J].地理科学进展,2020,39(2):195－206.

［148］ 刘华军,王耀辉,雷名雨.中国战略性新兴产业的空间集聚及其演变[J].数量经济技术经济研究,2019,36(7):99－116.

［149］ 刘佳,朱桂龙.基于投入产出表的我国产业关联与产业结构演化分析[J].统计与决策,2012(2):136－139.

［150］ 刘建朝.京津冀城市群产业优化与城市进化协调发展研究[D].天津:河北工业大学,2013.

［151］ 刘靖,张岩.国外城市群整合研究进展与实践经验[J].世界地理研究,2015(3):83－90,175.

［152］ 刘霞,何鹏.绿色金融在中部地区经济发展中的影响效应研究[J].工业技术经济,2019,38(3):76－84.

［153］ 刘晓科,胡振东.生产性服务业发展的区域比较研究[J].统计与决策,2015(13):147－150.

［154］ 刘耀彬,王启仿.改革开放以来中国工业化与城市化协调发展分析[J].经济地理,2004,24(5):600－603,613.

［155］ 刘振灵.偏离—份额模型的改进及对辽宁中部城市群产业结构演进的分析[J].软科学,2009,23(10):95－100.

［156］ 刘志坚,侯春峰.论产业集聚度的测度——区位基尼系数的应用[J].现代商贸工业,2008,20(3):7－9.

［157］ 龙云安,陈国庆."美丽中国"背景下我国绿色金融发展与产业结构优化[J].企业经济,2018(4):11－18.

［158］ 路江涌,陶志刚.我国制造业区域集聚程度决定因素的研究[J].经济学(季刊),2007,6(3):801－816.

［159］ 吕健.产业结构调整、结构性减速与经济增长分化[J].中国工业经济,2012(9):31－43.

［160］ 马国腾.基于偏离—份额分析法的京津冀制造业竞争力分析[J].经济与管理,2009,23(5):69－72.

[161] 马珩,李东.长三角制造业高级化测度及其影响因素分析[J].科学学研究,2012,30(10):1509－1517.

[162] 马立平,鲍鑫,熊璞刚.京津冀地区文化产业集聚水平及特征分析[J].出版发行研究,2019(3):29－33.

[163] 马歇尔.经济学原理[M].彭逸林,王威辉,商金艳,译.北京:人民日报出版社,2009.

[164] 马延吉.辽中南城市群产业集聚发展与格局[J].经济地理,2010,30(8):1294－1298.

[165] 毛建辉,管超.环境规制、政府行为与产业结构升级[J].北京理工大学学报(社会科学版),2019,21(3):1－10.

[166] 苗长虹,王海江.中国城市群发展态势分析[J].城市发展研究,2005,12(4):11－14.

[167] 倪鹏飞.中国城市竞争力报告 No.6[M].北京:社会科学文献出版社,2008.

[168] 潘芳,田爽.美国东北部大西洋沿岸城市群发展的经验与启示[J].前线,2018(2):74－76.

[169] 潘建成.经济增长新动力在哪？[N].中国环境报,2015－10－29(12).

[170] 潘文卿,陈水源.产业结构高度化与合理化水平的定量测算——兼评甘肃产业结构优化程度[J].开发研究,1994(1):42－44.

[171] 配第.政治算术[M].马妍,译.北京:中国社会科学出版社,2010.

[172] 浦文昌.对"苏南模式"的比较分析[J].中国农村经济,1993(1):43－46.

[173] 齐嘉.中国三大城市群产业集聚比较研究——基于高新区高成长企业的证据[J].海南大学学报(人文社会科学版),2018,36(2):60－68.

[174] 钱纳里,鲁宾逊,赛尔奎因.工业化和经济增长的比较研究[M].吴奇,等译.上海:上海三联书店,1989.

[175] 渠立权,张庆利,陈洁.江苏省产业结构调整对经济增长贡献的空间分析[J].地域研究与开发,2013,32(1):24－28,40.

[176] 阮陆宁,曾畅,熊玉莹.环境规制能否有效促进产业结构升级？——基于长江经济带的 GMM 分析[J].江西社会科学,2017(5):104－111.

[177] 深圳市 2018 年国民经济和社会发展统计公报[EB/OL].[2019－04－24].http://www.tjcn.org/tjgb/19gd/35973.html.

[178] 沈建光.供给侧改革与需求管理要协调推进[N].第一财经日报,2015 - 11 - 24(A15).

[179] 史丹,张成.中国制造业产业结构的系统性优化——从产出结构优化和要素结构配套视角的分析[J].经济研究,2017(10):158 - 172.

[180] 斯密.国富论[M].郭大力,王亚南,译.上海:上海三联书店,2009.

[181] 宋宝琳,白士杰,郭媛.经济增长、能源消耗与产业结构升级关系的实证分析[J].统计与决策,2018,34(20):142 - 144.

[182] 宋家泰,崔功豪,张同海.城市总体规划[M].北京:商务印书馆,1985.

[183] 宋锦剑.论产业结构优化升级的测度问题[J].当代经济科学,2000,22(3):92 - 97.

[184] 宋林飞.苏南区域率先发展实践与理论的探索——从"苏南模式""新苏南模式"到"苏南现代化模式"[J].南京社会科学,2019(1):1 - 10.

[185] 苏东水.产业经济学[M].北京:高等教育出版社,2005.

[186] 苏红键,赵坚.产业专业化、职能专业化与城市经济增长——基于中国地级单位面板数据的研究[J].中国工业经济,2011(4):25 - 34.

[187] 苏任刚,赵湘莲,程慧.绿色金融支持绿色产业发展的作用机理、路径分析[J].财会月刊,2019(11):153 - 158.

[188] 苏治,徐淑丹.中国技术进步与经济增长收敛性测度——基于创新与效率的视角[J].中国社会科学,2015(7):4 - 25.

[189] 孙东琪.苏鲁两省产业竞争力模式比较及其竞争路径研究[J].经济地理,2013,33(2):128 - 134.

[190] 孙海波,刘忠璐,林秀梅.人力资本空间分布差异与产业结构升级——兼论对山东省新旧动能转换的启示[J].山东工商学院学报,2018,32(3):21 - 33.

[191] 孙皓,石柱鲜.中国的产业结构与经济增长——基于行业劳动力比率的研究[J].人口与经济,2011(2):1 - 6.

[192] 孙慧,周好杰.产业集聚水平测度方法综述[J].科技管理研究,2009(6):449 - 451.

[193] 孙久文,夏添,胡安俊.粤港澳大湾区产业集聚的空间尺度研究[J].中山大学学报(社会科学版),2019,59(2):178 - 186.

[194] 孙一飞.城镇密集区的界定——以江苏省为例[J].经济地理,1995,15(3): 36-40.

[195] 滕泰.加强供给侧改革 开启增长新周期[N].经济参考报,2015-11-18(1).

[196] 田新民,韩端.产业结构效应的度量与实证——以北京为案例的比较分析[J]. 经济学动态,2012(9):74-82.

[197] 汪红丽.经济结构变迁对经济增长的贡献——以上海为例的研究 1980— 2000[J].上海经济研究,2002(8):9-15.

[198] 王兵,陈雪梅.产业结构与广东经济增长——基于 VAR 模型的实证分析[J]. 暨南学报(哲学社会科学版),2006,28(4):46-50.

[199] 王桂玲,杨德刚,闫海龙,等.中心城市发展与城市群产业整合发展研 究——以乌昌石城市群为例[J].干旱区研究,2016,33(2):434-440.

[200] 王国平.论产业升级的区位环境[J].上海行政学院学报,2019,20(6): 4-9.

[201] 王文,孙早.产业结构转型升级意味着去工业化吗[J].经济学家,2017(3): 55-62.

[202] 王晓红.苏南现代化建设示范区城市群空间格局与优化路径[J].中国名 城,2014(9):4-8.

[203] 王岩.产业集聚对区域经济增长的影响研究[D].北京:首都经济贸易大 学,2017.

[204] 王遥,王鑫.OECD 国家的城市低碳融资工具创新及对中国的启示[J].国 际金融研究,2013(8):33-41.

[205] 王一鸣.通过供给侧改革重塑发展动力[N].人民日报,2015-12-28(17).

[206] 王媛玉.产业集聚与城市规模演进研究[D].长春:吉林大学,2019.

[207] 王兆峰,霍菲菲.湖南武陵山区旅游产业集聚与区域经济发展关系测度[J]. 地域研究与开发,2018,37(2):94-98.

[208] 王智勇.产业结构、城市化与地区经济增长——基于地市级单元的研究[J]. 产业经济研究,2013(5):23-34.

[209] 韦伯.工业区位论[M].李刚剑,陈志人,张英保,译.北京:商务印书馆, 2010.

[210] 魏后凯.现代区域经济学[M].北京:经济管理出版社,2011.

[211] 魏敏,胡振华.区域新型城镇化与产业结构演变耦合协调性研究[J].中国科技论坛,2019(10):128-136.

[212] 文东伟,冼国明.中国制造业的空间集聚与出口:基于企业层面的研究[J].管理世界,2014(10):57-74.

[213] 文玫.中国工业在区域上的重新定位和聚集[J].经济研究,2004(2):84-94.

[214] 吴传清,李浩.关于中国城市群发展问题的探讨[J].经济前沿,2003(2):29-31.

[215] 吴敬琏.修正"三驾马车"确立新常态[N].企业家日报,2015-12-27(W01).

[216] 吴俊,杨青.长三角扩容与经济一体化边界效应研究[J].当代财经,2015(7):86-97.

[217] 吴培培,朱小川,王伟.长江经济带十大城市群内部城市间产业联系对经济产出影响研究:基于行业间投入产出引力模型方法[J].城市发展研究,2017,24(7):49-55.

[218] 吴启焰.城市密集区空间结构特征及演变机制——从城市群到大都市带[J].人文地理,1999,14(1):15-20.

[219] 夏锦文.基本现代化的区域探索:理论阐释与江苏实践[J].现代经济探讨,2019(3):14.

[220] 肖金成,欧阳慧.优化国土空间开发格局研究[M].北京:中国计划出版社,2015.

[221] 谢品,李良智,赵立昌.江西省制造业产业集聚、地区专业化与经济增长实证研究[J].经济地理,2013,33(6):103-108.

[222] 谢文蕙,邓卫.城市经济学[M].2版.北京:清华大学出版社,2008.

[223] 徐琴.多中心格局下的长三角一体化发展[J].现代经济探讨,2018(9):36-40.

[224] 许庆明,胡晨光,刘道学.城市群人口集聚梯度与产业优化升级——中国长三角地区与日本、韩国的比较[J].中国人口科学,2015(1):29-37.

[225] 许仁祥.集聚经济与都市产业发展[D].上海:复旦大学,1998.

[226] 严太华,李梦雅.资源型城市产业结构调整对经济增长的影响[J].经济问题,2019(12):75-80.

[227] 杨公朴,干春晖.产业经济学[M].上海:复旦大学出版社,2005.

[228] 杨公朴,夏大慰.产业经济学教程(修订版)[M].上海:上海财经大学出版社,2002.

[229] 杨公朴,夏大慰.产业经济学教程[M].上海:上海财经大学出版社,1998.

[230] 杨开忠.中国地区工业结构变化与区际增长和分工[J].地理学报,1993,48(6):481-490.

[231] 杨晓妹,刘文龙.公共教育支出、人力资本积累与制造业结构升级——基于总量与结构效应双重视角的实证分析[J].贵州大学学报(社会科学版),2019(3):20-29.

[232] 姚士谋,陈振光,朱英明,等.中国城市群[M].合肥:中国科学技术大学出版社,2006.

[233] 姚士谋,等.中国的城市群[M].合肥:中国科学技术大学出版社,1992.

[234] 尹燕霞,耿嘉川.关于山东产业结构合理化问题的探讨[J].东岳论丛,2000(5):51-53.

[235] 尹征,卢明华.京津冀地区城市间产业分工变化研究[J].经济地理,2015,35(10):110-115.

[236] 于斌斌.产业结构调整与生产率提升的经济增长效应——基于中国城市动态空间面板模型的分析[J].中国工业经济,2015(12):83-98.

[237] 于洪俊,宁越敏.城市地理概论[M].合肥:安徽科学技术出版社,1983.

[238] 于刃刚.配第—克拉克定理评述[J].经济学动态,1996(8):63-65.

[239] 于淑艳.辽宁省产业结构对其经济增长影响的实证研究[J].技术经济,2012(1):67-71.

[240] 余华银,杨烨军.安徽新型工业化与城市化关系研究[J].财贸研究,2007(1):13-19.

[241] 袁晓军,袁璐.基于产业结构演变的关中城市群发展效率及影响因素研究[J].区域经济评论,2015(5):141-146.

[242] 袁晓玲,张宝山,杨万平.动态偏离—份额分析法在区域经济中的应用[J].经济经纬,2008(1):55-58.

[243] 张帆.中国金融产业集聚效应及其时空演变[J].科研管理,2016,37(4):417-425.

[244] 张国强,温军,汤向俊.中国人力资本、人力资本结构与产业结构升级[J].中国人口·资源与环境,2011,21(10):138-146.

[245] 张建华,程文.中国地区产业专业化演变的U型规律[J].中国社会科学,2012(1):76-97.

[246] 张健,狄乾斌,涂文伟.基于双重基尼系数的环渤海地区制造业集聚研究[J].资源开发与市场,2014,30(5):565-569.

[247] 张启祥.以苏南创新示范区带动城市群发展的思考[J].江南论坛,2016(1):4-6.

[248] 张五常.鼓励内供远胜鼓励内需[N].财会信报,2008-12-22(A11).

[249] 张燕,吴玉鸣.中国区域工业化与城市化的时空耦合协调机制分析[J].城市发展研究,2006,13(6):46-51.

[250] 张云辉,赵佳慧.绿色信贷、技术进步与产业结构优化——基于PVAR模型的实证分析[J].金融与经济,2019(4):43-48.

[251] 赵丹.基于马尔科夫理论的西部欠发达地区产业结构升级与经济增长实证研究[J].数学的实践与认识,2019(22):9-15.

[252] 赵彤.江苏区域产业结构比较与区域协调发展探讨[J].华东经济管理,2008,22(10):9-13.

[253] 赵欣.技术创新能力、产业结构升级对经济增长的影响研究[J].特区经济,2016(9):84-87.

[254] 赵新宇,万宇佳.产业结构变迁与区域经济增长——基于东北地区1994—2015年城市数据的实证研究[J].求是学刊,2018,45(6):61-69.

[255] 赵秀丽,王晓峰.大企业是我国产业结构优化升级的主导力量[J].中国特色社会主义研究,2003(4):78-81.

[256] 喆儒.产业升级——开放条件下中国的政策选择[M].北京:中国经济出版社,2006.

[257] 中国经济增长前沿课题组.中国经济长期增长路径、效率与潜在增长水平[J].经济研究,2012(11):4-17,75.

[258] 中国科学院地理研究所.城镇与工业布局的区域研究[M].北京:科学出版社,1986.

[259] 周春山,刘毅.广东省产业转移对区域经济差异的影响分析[J].云南师范大学学报(哲学社会科学版),2012,44(6):33-41.

［260］ 周林,杨云龙,刘伟.用产业政策推进发展与改革——关于设计现阶段我国产业政策的研究报告[J].经济研究,1987(3):16-24.

［261］ 周韬,郭志仪.城市空间演化与产业升级——以长三角城市群为例[J].城市问题,2015(3):25-30,46.

［262］ 周一星.关于明确我国城镇概念和城镇人口统计口径的建议[J].城市规划,1986(3):10-15.

［263］ 周振华.证券市场与产业结构调整[J].财经研究,1992(12):9-13,64.

［264］ 朱英明.城市群经济空间分析[M].北京:科学出版社,2004.